売れる人の

超訳 マズロー欲求5段階説

お客様のことが見えなくなったら読む本

一般社団法人
コトマーケティング協会 代表理事
松野恵介

すばる舎

お客様の「欲しい！」には〝段階〟がある……まえがきに代えて

■「売る方法」を考える時代は終わった！

あなたは、お客様のことをどこまで知っていますか。

お客様が何を欲しがり、何に困っているかが分かれば、そこにジャストフィットしたサービスや商品を提供できます。

しかしお客様のことはなかなか分からないのが現実……。そこで、「どうしたら売れるか？」を一生懸命考える。それは悪いことではありません。しかし**「どうしたら売れるか？」を考える時代は終わっているのです。**はっきりした答えは見つかっていません。

だったら、どうしたらいいの？

そのひとつの答えは、「変化する消費者のココロに対応していくこと」になります。

顧客のニーズが多様化し、商品も溢れています。売り方も様々です。変化していくお客様のココロに対応するためには、どうするか……ここを考えてください。

つまり……、自分のお店や企業の商品が、どこまでお客様に受け入れられているのか、もっと「欲しい」ものは他にあるのかもしれない、と考えるのです。

「主婦は1円でも安く買いたがっている」（食品スーパーの言い分）
「安いのはもちろんだけど、満足できる商品じゃないと困るわ！」（主婦の言い分）
「消費者は、もっとキレイな画質でテレビが見たいはずだ！」（メーカーの言い分）
「手軽に壁掛けができて、リーズナブルなテレビが欲しいな！」（消費者の言い分）

このように、いつも、売り手と買い手にはギャップが生じます。このギャップさえなくせれば売れるのに……そう思っている方は多いのではないでしょうか。

昔から、「お客様の気持ちになれ！　顧客視点が大切！」と言うけど、どうしたら「その視点」になれるのでしょうか。もちろん、方法はいくつかあります。

●お客様をよく観察してみる
●お客様に聞いてみる
●自分がお客様になったときのことを思い出してみる

でも、どれも抽象的過ぎます。これを、もっと具体的にできないか……と考えていったのがこの本です。

実は、**このような大きな課題のヒントになるものは、昔から言われ続けているものの中にあることが多い**のです。ずっと言い続けてこられたことは、普遍的なことです。この普遍的なことを元に、現代的に解釈していくと大きなヒントになるものです。

いわば、**お客様のニーズを測る「モノサシ」**です。

たとえば「**4つのP**」です。

Place（プレイス＝場所、立地）

Price（プライス＝価格）
Product（プロダクト＝製品）
Promotion（プロモーション＝販売促進）

マーケティングの様々なシナリオは、大きくこの４つに分類されます。それぞれに、「いい立地は？」「買ってもらえる値段は？」……と考えていくのがマーケティングのシナリオの基本でもあります。

■人間の「欲求」を〝レベル〟分けすると……

売るためには、お客様が何を求めているか……つまり顧客心理が分からないと、何をやってもうまくいかない。だって、最初のスタートが分かってないのですから。

ですから、まず顧客心理を的確に知らなければなりません。そのための理論のひとつが、**「マズローの欲求5段階説」**です。

これは、アメリカの心理学者アブラハム・マズローが、**「人間は自己実現に向かって絶えず成長する」と仮定し、人間の欲求を5段階の階層で理論化した**ものです。マーケティングや心理学の本には、必ずと言っていいほど登場します。

本書では、この考えを今の時代、皆さんの状況に合わせてどう解釈し活用していくかをお伝えしていきます。

詳しくはプロローグ以降でじっくり説明しますが、〝さわり〟だけ押さえておきます。


マズローはまず、人間の欲求はピラミッド型に5段階に大別できるとしました。一番下の欲求が満たされると、その上の欲求に、そこが満たされるともうひとつ上に……と移って行くと考えたのです。


1番目（一番下）が「生理的欲求」。

これは生命を維持するための本能的な欲求です。「食べたい」「眠りたい」……といった生命活動に関するものですね。昔の貧しい時代ならともかく、今の時代、多くの人はこの生理的欲求は満たされています。

逆に人間以外の動物のほとんどは、この段階で行動していると言えます。


2番目が「安全の欲求」。

経済的安定性、良い健康状態の維持、良い暮らしの欲求などです。この欲求が単純な形ではっきり見られるのは、危険ということを知らない幼児です。普通の健康な大人は、この段階も満足していることが多いですね。

3番目が「社会的欲求と愛の欲求」。

自分が本当に社会の中で必要とされているか考え、必要でありたいと望む欲求です。最近、人付き合いや会話の本が売れているようですが、今の人たちは案外ここに飢えているのかもしれません。「社会に必要とされている存在でありたい」と望む、「他者に受け入れられている」と願う……。これが満たされないと孤独感を覚えます。

4番目が「承認（尊重）の欲求」。

つまり、自分が集団から価値のある存在と認められたいという欲求です。尊敬されたいという欲求でもありますね。地位や名誉を欲しがるのも、この欲求のいわば〝初期段階〟です。初期段階をクリアすれば、技術や能力の習得、自立性などを得たいと考えます。他人からの評価よりも、自分自身の評価を考えるのです。

5番目が「自己実現の欲求」。

4つの欲求がすべて満たされたとしても、イヤイヤ仕事をしているのでは、「自分には向いていない」などという不満を持ちます。自分の能力を目一杯に発揮し、より〝高み〟に行きたいという欲求です。

もちろん**一概には言えないこともあります**。でも、**おおむね人間の心理はこういうふう**

マズローの欲求５段階説

人間の“欲求”には“段階”がある！

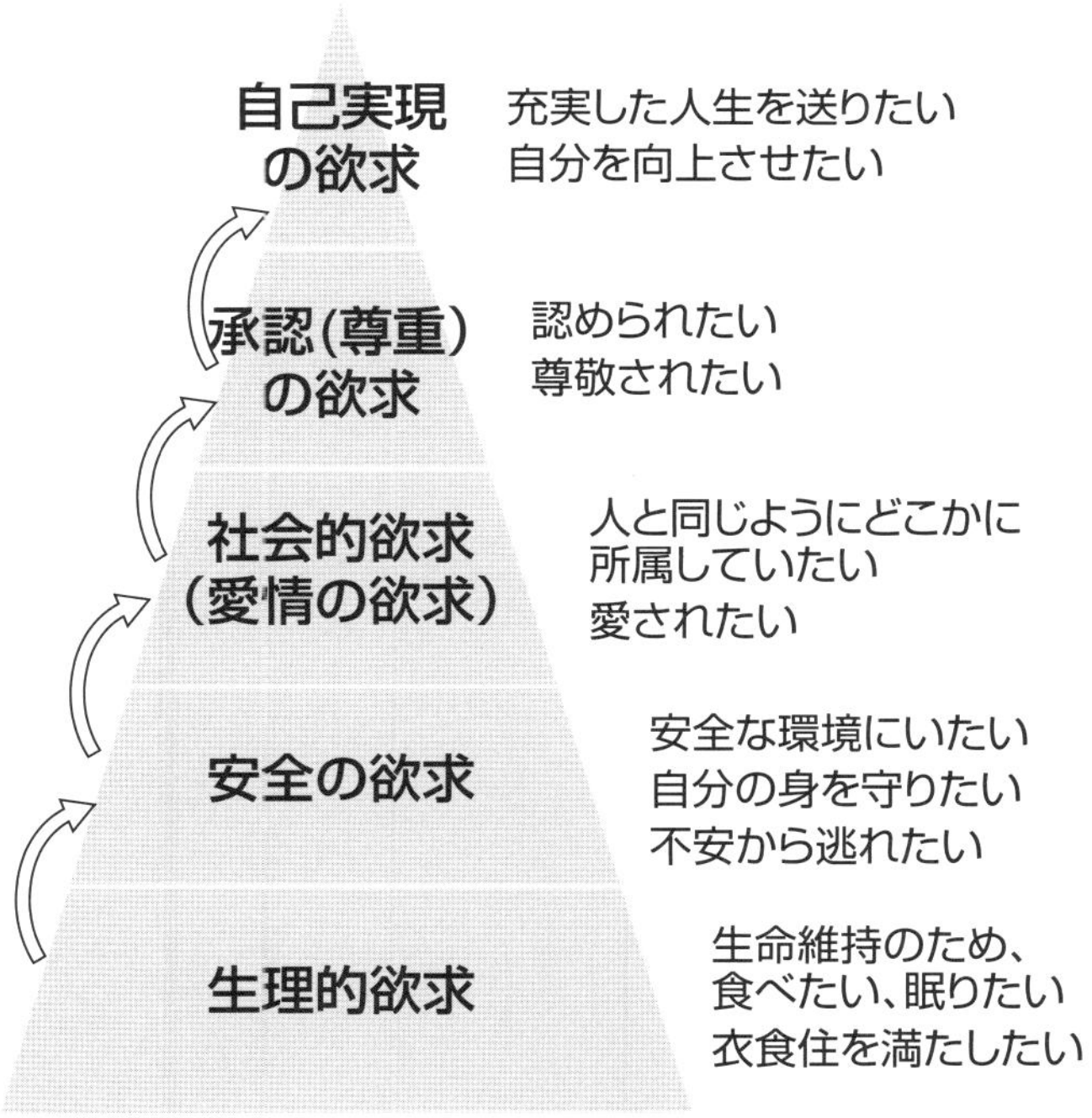
自己実現の欲求
充実した人生を送りたい
自分を向上させたい
承認(尊重)の欲求
認められたい
尊敬されたい
社会的欲求(愛情の欲求)
人と同じようにどこかに所属していたい
愛されたい
安全の欲求
安全な環境にいたい
自分の身を守りたい
不安から逃れたい
生理的欲求
生命維持のため、食べたい、眠りたい
衣食住を満たしたい

これは消費者心理にも応用できる！

に動きます。であるなら、お客様は今どの段階にあるのか、自社の商品はどの段階を満足させるためにあるのか——と考えることで、その結果、効率的な売り方も見えてきます。

■「モノよりコト」と言われても、お客様は単純ではない

しかし、お客様の心理は一人ひとり違います。「何を本当に欲しがっているか」を知ることは、そんなに簡単ではありません。

「モノよりコトを売れ」

そう言われるようになって、何年もたちます。様々な書籍も発売され、雑誌などでは特集も組まれます。しかし、核心のところはなかなか見えない。

とくに**これだけお客様のタイプが多様になってくると、「ニーズの多様化」という言葉すら曖昧になります**。では、どうやって知るか——。本書ではそのための手法も紹介します。例えばお客様アンケートですが、質問の仕方によってお客様の本心が引き出せたり、出せなかったり……。

それに、「4P」や「欲求5段階説」などの理論だけで解決できるなら、みんなこんな

に、売り方に悩んではいませんね。**マーケティングで大事なのは、理論だけではない**のです。「何とかしてお客様を喜ばせてみせる」という売り手側の気迫のようなものも、ときには大きな意味を持ちます。

■お客様のことをよく「見る」のが基本の基本！

その証拠に、**「〝思い〟はマーケティングを超える」という言葉もあります**。思いが空回りしてはいけませんが、お客様に対して強い熱意を持って接することも、マーケティングの大事な要素だと僕は思っています。

それには、一人ひとりのお客様をよく「見る」ことです。

「この人が困っていることは何だろう」

「この人が欲しがっているもの（コト）は何だろう」

そう考え、お客様の悩みを解決してあげるアイデアを考える。それが必ず、「売れる」ことにつながっていきます。

そもそも「コト売り」を「売り方の手法」として捉えるのは、どこかが違う。**「コト売り」は売り方の手法ではなく、「相手の役に立つための視点」と考えたほうがいい**のです。その視点が身につけば、結果的に売れるようになる——。

そうは言っても、〝思い〟だけで売れるほど甘くはない。やはりきちんとした理論は必要になってきます。本書では「欲求5段階説」をキーワードに、お客様の「欲しい！」を理解する方法をお話しします。

いわば、**「お客様が欲しいもの（コト）が見えなくなったら読む本」**です。僕なりに、**「今の時代の欲求5段階説の活かし方」**をまとめるつもりです。

第一、「自己実現の欲求」とポンと言われても分かりませんよね。お客様が何となく「自分に満足していない」ようなら、満足してもらうように——となるわけですが、**「満足してもらうにはどうするか、どう売るか、どういう工夫をするか」までは、マズローは教えてくれません**。

それを考えるのは売り手です。マズローの理論や4Pを下敷きに、売る側は、何をすべきか考えましょう。お客様の欲求を、この理論をベースにした〝モノサシ〟で考えていくのです。それにそもそもマズローの理論は、人間の心理に関するもの。それがマーケティングに応用されているわけですが、どうしても多少の〝無理〟は生じます。

僕は最終的にこの本で、**コトマーケティングではマズローの理論が、どう活かされるか**を書いていきます。ただそれは、いわば「松野流」の解釈です。

それに、マズローの欲求5段階理論は、「人は最終的に〝自己実現の欲求〟に向かっている」というもの。**自己実現とは、消費行動に置き換えれば、「買って、心が満たされた」ということと、同一ではありませんがとても似通っている**心理です。

これは、突き詰めれば「モノよりコト」という言葉にも置き換えられます。「コト売り」の考えと非常に似通っているんです。「お客様の欲しいもの」が、よく見えなくなった、分からなくなったとき、マズローのモノサシがとても役に立つはずです。

２０１８年12月

松野恵介

売れる人の
超訳
マズロー欲求５段階説

お客様のことが見えなくなったら読む本 ● **目次**

プロローグ

お客様のことを徹底的に知るために大切なこと

「モノからコト」と言われて久しい。
マズローの欲求5段階説から、
「モノ売り」と「コト売り」について見てみよう。

第1章 「生理的欲求」に合わせた売り方

消費者の最も基本的な欲求は「モノ」と「価格」。
まず、この段階での売り方を考えてみよう。

第2章

「安全の欲求」に合わせた売り方は？

ポイントは「安全の確保」。

「失敗したくない」「間違った買い物をしたくない」

……そんな欲求に訴えかけよう。

第3章 「所属と愛の欲求」に合わせた売り方・ポイントは？

〝つながり〟の欲求に訴えるには、
「ひとりじゃない」をアピールするのがキーワードになる。
「みんなも同じだよ！」で所属の欲求は満たされる。

第4章

「承認欲求」に合わせた売り方・ポイントは？

お客様の「欲しい」を分かってあげる（認めてあげる）ことで、
単なる「売り」ではないと感じてもらえる。
お客様を知るには、徹底的にお客様を見ること！

第5章

「自己実現の欲求」に合わせた売り方・ポイントは？

お客様に〝満足感〟を持ってもらうには、
お客様に「何が与えられるか。できるか」を考える。

第6章 自己実現の〝先〟を目指そう

欲求は第５段階で行き止まりではない。時代と共に変化もする。
いわば「第６の欲求」への対応を考える。

DTP ベクトル印刷㈱
編集協力 片山一行
装丁 西垂水敦・遠藤瞳（krran）

プロローグ

お客様のことを徹底的に知るために大切なこと

「モノからコト」と言われて久しい。マズローの欲求5段階説から、「モノ売り」と「コト売り」について見てみよう。

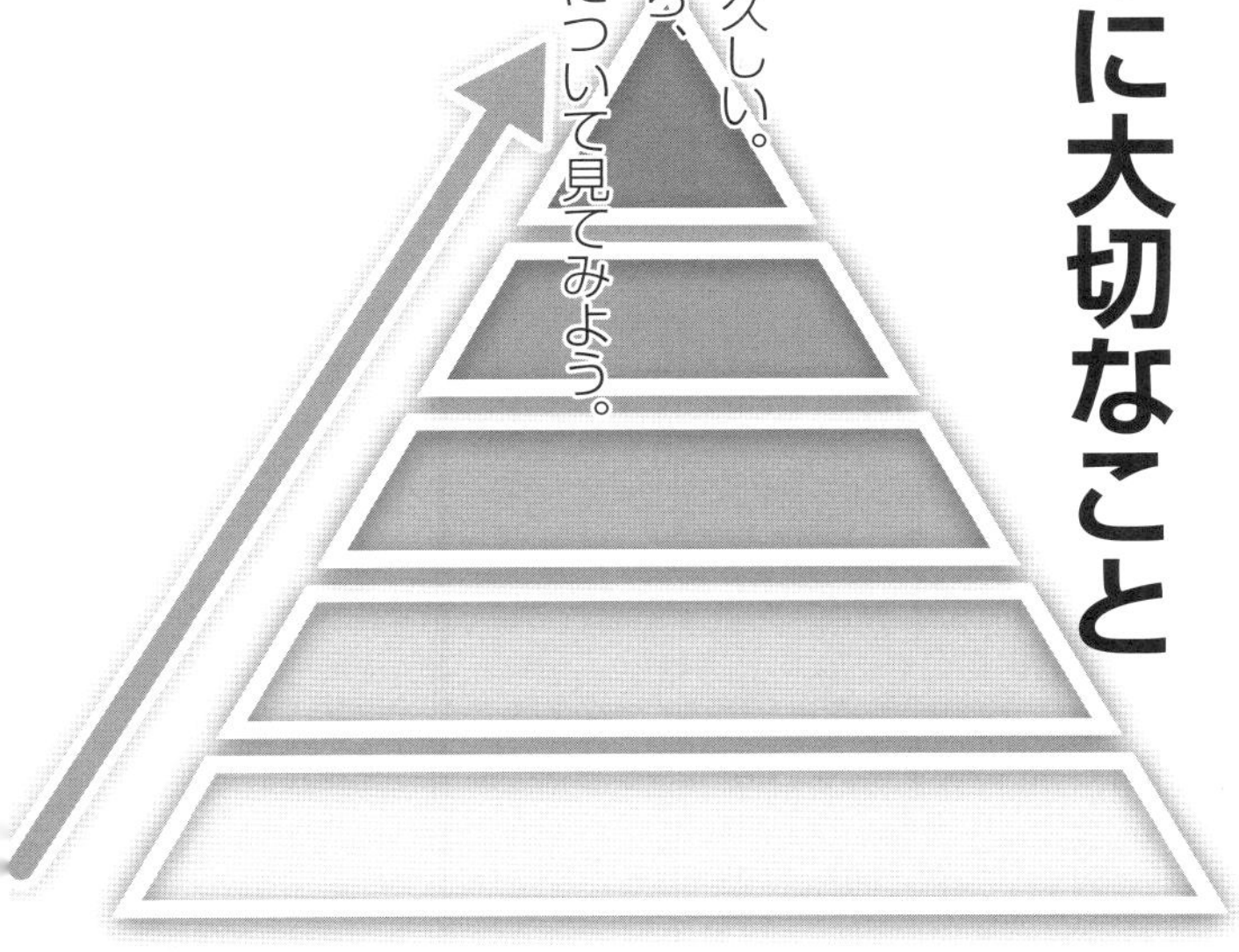

1 消費者が求めているものを知るには？

◉──消費者は「心の豊かさ」を求めている!?

時代の移り変わりが激しい中で、今の消費者は、何を求めているのでしょう。売行きが伸びないときなど、**「お客様の考えていること」が見えなくなります。**

ここで漠然と考えても、なかなか答えが出てきません。でも、参考になるであろうデータがあります。内閣府が行なった「国民生活に関する世論調査」の中で、今後の生活において、物の豊かさと心の豊かさの、どちらを重視するか聞いた項目です。

Ⓐ 物質的にある程度豊かになったので、これからは心の豊かさやゆとりのある生活をすることに重きを置きたい

Ⓑ まだまだ物質的な面で生活を豊かにすることに重きを置きたい

心の豊かさを重視する割合が高まっている

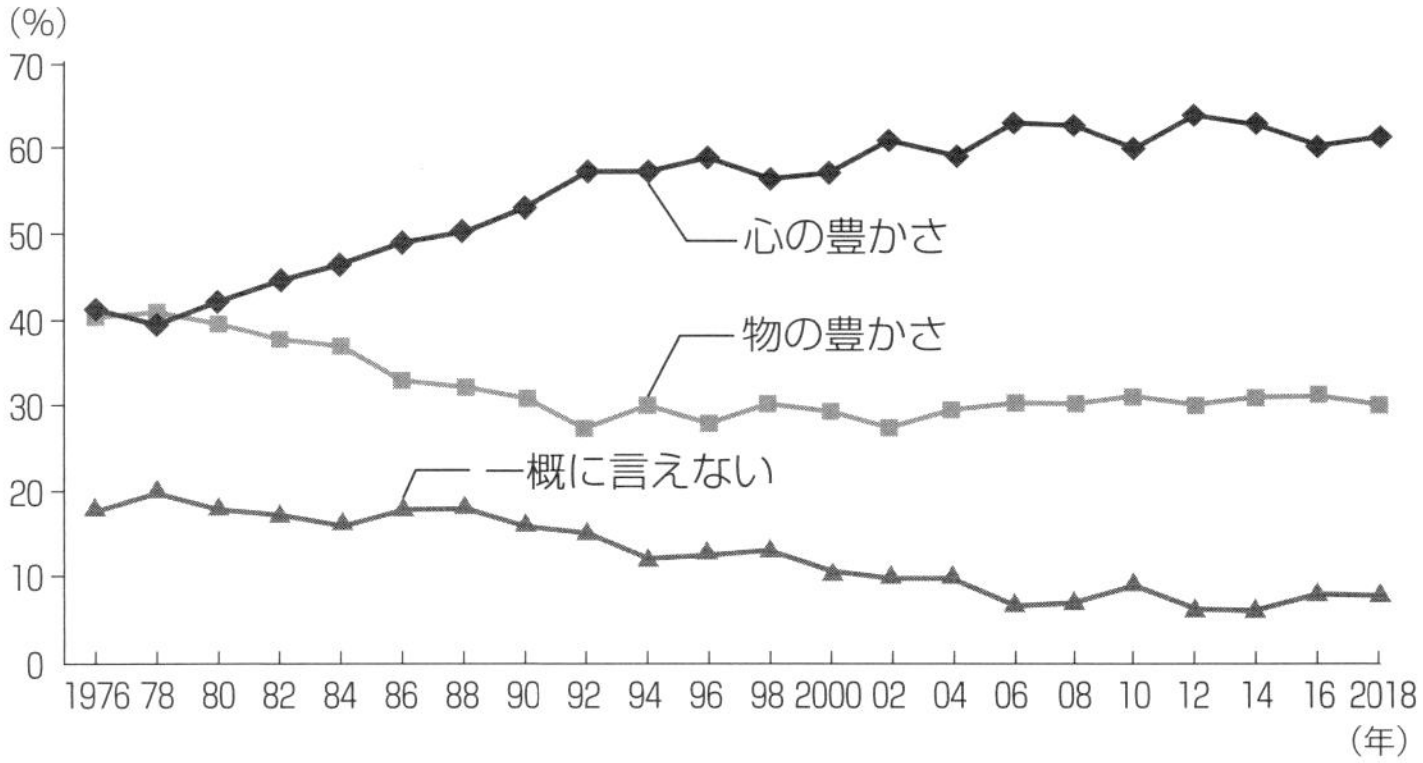

(備考)

1) 内閣府「国民生活に関する世論調査」をもとに作成。

2)「今後の生活において、物の豊かさか心の豊かさかに関して、次のような2つの考え方のうち、あなたの考えに近いのはどちらでしょうか。

Ⓐ 物質的にある程度豊かになったので、これからは心の豊かさやゆとりのある生活をすることに重きを置きたい。

Ⓑ まだまだ物質的な面で生活を豊かにすることに重きを置きたい。

3)「物質的にある程度豊かになったので、これからは心の豊かさやゆとりのある生活をすることに重きを置きたい」は「心の豊かさ」。「まだまだ物質的な面で生活を豊かにすることに重きを置きたい」は「物の豊かさ」。

「どちらに重きを置きますか？」と聞いたとき、近年は確実に心の豊かさを求める人が増えてきている、という内容になっています。

このデータは、よくコンサルタントや経済学者も使うものです。また読者の皆さんも、このことは感じているだろうと思います。

数値は細かいのですが、ここでは全体の流れ、傾向に注目してください。一目で、大きな〝流れ〟として消費者が何を求めているのかが分かるデータだと思います。

つまり、**時代は、物（モノ）の時代から「心の時代」へどんどん加速している**。みなさんもそのことは充分にご承知のはずです。

「うん、そりゃそうだよね、だってモノはひと通り持ってるからね」
「感覚的に分かるよ、だって〝これ欲しい！〟のって、あんまりないもの」

とは言ったものの、
「でも、そもそも、心を豊かにするってどうすればいいの？」
という方も多いのではないでしょうか。

◉──「自分がお客さんだったら」と考えよう

モノというのは目に見えたし、非常に分かりやすかった。でも、心ってどういうことだろう。心なんて目に見えないでしょ。どうしたら分かるの？　おまけに心なんて移り変わっていくでしょ。どうすればいいの？　という感じですよね。

その気持ち、よく分かります。僕自身もサラリーマン時代、ここで大いに悩みました。

僕がサラリーマンのとき、もうモノは溢れていました。

だから、いいモノを持って行っても喜ばれない。それは、お客様の態度を見ていれば分かるし、お客様の口からも言葉で出ている。

それは分かるけど、だったらどうしたらいいの？　というのが全く分かりませんでした。でも、根気強くちゃんとお客様を見て、お客様の思っているコトに着目していったときから確実に変化が出てきました。

● お客様の興味あるコトって何だろう？

● 今、お客様の不安や不満に感じているコトって何だろう？

このように、お客様の中にある「コト」に目を向けたときから少しずつお客様の要望が見えてきたのです。これが「コト売り」「コトマーケティング」というものです。

僕自身、マーケティングコンサルタントという職業を通して、今まで1400社以上の会社やお店の方と関わってきました。いつもクライアントさんと一緒に考えるのは「お客様のコト」です。

その中で、僕がよく使うコトバが**「僕がお客さんだったとしたら」**です。

例えば、住宅メーカーさんとの打ち合わせで、

僕　「展示場に来られたお客様に、どんなことを聞くの？」
営業「お客様のご要望ですね」
僕　「例えば？」
営業「例えば、広いリビングが欲しいとか、子供部屋が欲しいとか」
僕　「僕がお客さんだったら、要望を聞く前に相談に乗って欲しいな」
営業「どういうことですか？」
僕　「家を建てるときって、今の生活に対して不安や不便を感じているときだと思うから、

どんな状態で、どんなコトに困っていて、どうすれば解決できるかっていう相談に乗って欲しいなって思うんですよね」

営業「それって、どういうことですか？」

僕「それはね……」

という具合で、僕自身がお客様だったら、**「こうして欲しいな」**、**「こんなことを叶えて欲しいな」**という内容をお話しすることから具体的に案を出していく。

そういう意味では、マーケティングのプロというよりは「お客様視点のプロ」であり、そうあり続けたいとも思っています。

でも、コト売りと言われるようになって随分たちます。売り手も、「そんなことは分かっている」と言うでしょう。しかし、〝成果〟は出ているでしょうか。ここで**もう一度、コト売りの〝原点〟に立ち返るべきではないか**と思うのです。

そもそも本質的に「コト売り」を理解している人は少ない。理解して実践しているなら〝成果〟を出しているからです。

2

お客様のことがわかる〝モノサシ〟を！

◉──「お客様目線」と簡単に言うけれど……

「お客様目線になろう」と言う人がいます。でも、そう簡単ではありません。この目線が分かればお客様の気持ちになれますから、売り方も喜んでもらう方法も分かります。でも簡単に分かれば、ちっとも苦労はないですよね。

僕自身、「お客様目線」を様々なケースに適用できるようにと常に考えていました。あるとき、クライアント先で、ある営業マンがボソッとこんなことを言いました。

「お客様のことが分かる〝モノサシ〟のようなものが、あったらいいのに」

ここでピンときたんです。なるほど「モノサシ」かって！

お客様のことを、一人ひとり個別で考えるのではなくて、「モノサシ」のように何か基準になるものがあれば分かりやすくなるだろうなって思ったのです。

そしてたどり着いたのが、「マズローの欲求5段階説」です。

マーケティングの講座でもよく使うのに！　こんなに近くにあったのに！　なぜもっと活用してこなかったんだろう……。

今まで僕が伝え続けてきた**「モノ売りからコト売り」ということも、マズローの欲求5段階説で分かりやすく説明がつきます**し、何より消費行動の一つひとつが分かりやすくなるのです。

◉――マズローの理論で消費者の気持ちを考えてみよう

例えば僕の消費行動で確認してみてください。

3月後半のそろそろ暖かくなる頃、春モノの洋服でも買いに行こうかなと街に出ました。ジャケットとパンツをセレクトショップで、自分に似合うピッタリのものを買った。このときの心理をもう少し掘り下げてみると、ジャケットやパンツは講演で使うし、前に立ったときに「講演者として失礼がなく、自分っぽさが出ている」のがいいなと考えたのです。つまり、「こうありたい」という自己実現のための消費ということになります。

別の話をしましょう。

学生の頃、下宿生活をしていて毎月月末には「あと500円で3日暮らさないと……」というような生活を送っているとき、食品スーパーに行って買ったもやしは、「とにかく安くて食いつなげるものが欲しい！」という欲求からです。

つまり、これは生理的欲求からの消費ということになるのです。

こうして考えてみると**お客様が何を求めているかは、マズローの欲求5段階説をひとつの「モノサシ」として使うと分かりやすくなる**のです。

まずこの章では、全体像から説明します。

5つの段階のうち最初のほうは「コト売り」というより、「モノ売り」の考え方に近い。しかし段階が進むにつれて、コト売りとモノ売りについての境界線、消費金額が高くなるのはどの欲求か、お客様の行動起点は……などが見えてきます。楽しみながら読んでみてください。きっと、どんどんお客様の〝心理〟が分かるようになるはずです。

お客様のことを知る
〝モノサシ〟があれば、
いろんなことが見えてくる。
その〝モノサシ〟のひとつが
欲求5段階説。

3 モノを求めているのか、コトを求めているのか？

◉お客様は「心の豊かさ」を求めている

さて、ここでもう一度先ほどのグラフを思い出してみてください。

ご覧の通り、上に伸びているのが「心の豊かさ」で、下がっているのが「物の豊かさ」となります。**「心の豊かさ」というのは曖昧な言葉ですが、これはマズローの言うところの「物質的欲求」と「精神的欲求」に非常に似ています。**

物質的欲求は「物の豊かさ」、精神的欲求は「心の豊かさ」です。

こう考えてみると、心の豊かさを求める人が増えて、欲求も段階を踏んでステップアップしているということが分かりますね。

そして、「物と心」は「モノとコト」という表現に置き換えられます。これは僕自身が

15年間クライアントさんと実践し続けてきた考え方ですが、**お客様はモノを求めているのではなく、コトを求めているのだ**、という視点にもつながるのです。

◉——要するに「コト」とは何だろう

この部分をもう少し詳しくお伝えします。「コト」とは次のように考えてみてください。

- ●お客様の興味や関心のあるコト
- ●お客様の不安や不満、不便に感じているコト

そう考えると、**興味や関心のあるコトを深めていくことで心が豊かになるし、不安や不満を解消することも心を豊かにしていきます**。これが「心＝コト」と置き換えることができるポイントとなるのです。

こうすると、マズローの欲求5段階説からモノとコトの境界線が明確に見えてきます。と同時に、コトの誤解も見えてくるのです。

モノよりコト——これはもう、だいぶ前から言われ続けてきたことです。けれども、

欲求５段階説と「モノとコト」

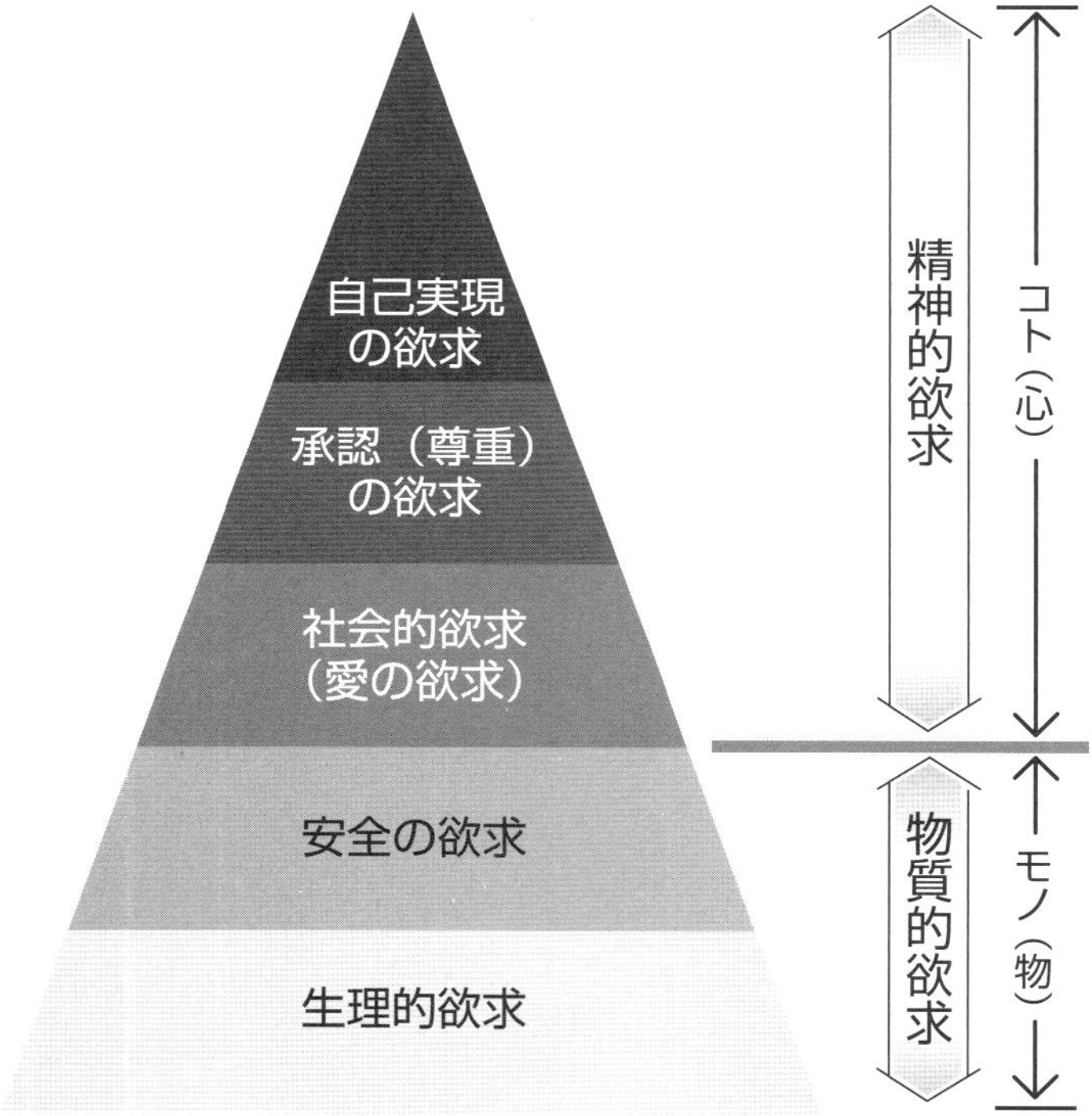

低次の欲求では「モノ」を求め、
高次になると「コト」を求める

「コト」って何？　となると、分かったようで分からない。
ましてて、「お客様はコトを求めている」と言われると、ますます分からない。

◉──誤解されている「コト消費」

近年、コト売りにつながる「コト消費」というコトバがクローズアップされてきました。２０１６年あたりから検索数が急激に伸びています。日経の電子版で「コト消費」と検索してもかなりの数の記事が出てきます。その中でも、こんな見出しがあります。

「訪日客のコト消費つかめ　旅行大手、そば打ち・陶芸などＰＲ」

左は、日経電子版の記事のURLです。

https://www.nikkei.com/article/DGXLZO12087940U7A120C1TI5000/

要するに訪日客のコト消費を、旅行大手は「そば打ち」、「陶芸」などでＰＲしています──という記事です。

この「コト消費」が注目され始めたのは、インバウンド消費が起点になっています。日本に来る外国人観光客、その中でも中国人観光客の爆買いがなくなってきたため、モノの消費から「コト消費」に変わってきている。だから、このコト消費に対して準備をしていかないといけない！　となっているのです。

しかし……、ここに少々誤解が生じています。

この記事を見て、こんな認識を持つ人が多いのです。

「コト消費ってのは、そば打ちや陶芸などの日本らしい体験商品を売ればいいのか」

これは違いますね。

コト＝体験商品、こう認識してしまうとちょっと違う方向に行きます。要するに**物質的欲求から精神的な欲求に移ってきている**わけです。そのことと「体験」とは、意味が違いますね。ですから、こう考えてみてください。

観光客は、日本の物は手に入れて物質的欲求は満たしたので、今度は日本のコトを手に入れて精神的欲求を満たしたいと思っている。

日本のコト＝日本の楽しいコト、怖いコト、信じるコト、驚くコトなど……こういった「コト」に触れたいと思っているので、そこにしっかりアプローチしていく必要があるということなのです。

そう、**「コト」は人の中にある精神的欲求**なのです。その人の中にあるコトを、深めたり、解決したりするお手伝いをすることで「コト消費」につながるのです。

◉――コト消費は「体験商品消費」ではない

ひとつ具体的な事例で考えてみましょう。

例えば、あなたが旅行代理店の営業だったとします。「爆買い」がなくなり商品の売上げが落ちた。どうしようか……？　と思っていたときに、「コト消費」に対応するプランをつくりなさい、と言われたとしてください。

あなたはどう考えますか。例えばこんなふうです。

「よし！　これまでの商品は売れなくなったから、体験商品を考えなくちゃ！」

「そば打ちや陶芸、あとステンドグラスなんかもいいかな」
「乗馬も体験だよな……あれ？　でも乗馬は日本らしくないか」
「じゃあ、日本らしい体験ができるものって何だろう」

と考えるのか、

「よし！　中国人観光客はどんなコトに興味があるのか考えよう！」

「やっぱり、中国の上海や北京というと人が多く雑踏の中にいるから、ゆっくりのんびりと日本らしく楽しみたいんじゃないだろうか？　だったら、温泉につかってそば打ち体験なども喜んでもらえそうだな！」

……発想が、全く違うでしょ。

前者の考えで、コト消費にアプローチしていくと、続けていくうちにお客様とどんどんかけ離れていく可能性が高い。でも後者の考えだと、続けていくうちにお客様との接点を見出せ、お客様が望んでいることが提供できるようになっていくので、どんどん売れるよ

うになる。

お客様は、物質的な欲求ではなく精神的な欲求を望んでいるのですから。

前者は、そば打ち体験や陶芸体験という、売れそうな体験商品ばかりに目が行っている。

後者は、喜ばせたいお客様に目が行っている。

前者は、商品を売ることを考えている。

後者は、人に喜んでもらうことを考えている。

前者は、結果的に売れなくなる。

後者は、結果的に売れ続ける。

そういう意味では、**コト消費というのは体験型商品を消費してもらうことではなく、お客様の心を豊かにし、精神的欲求を満たすこと**なのです。ここを押さえた上で、次の切り口を見てください。

4 欲求レベルによって、消費金額が高いか安いか変わる

◉——低次の欲求には、まず「安さ」！

ここでもう一度、マズローの欲求5段階説でよく使われるピラミッドを見てください。

段階別に単純にお客様の声を考えてみると、生理的欲求は「とにかく食べたい、とりあえず寝たい」ってことだし、安全の欲求は商品を買うときに、「これ大丈夫かな？　これ心配ないかな？」ということ。

社会的欲求は「みんな買ってるの？」ってことだし、承認欲求は「これをつくった人、僕のことよく分かってくれてる」ということ。

そして**自己実現欲求は「こうありたい」ということ**です。

さて、質問です。

自己実現の欲求＝「こうありたい」と考える気持ち

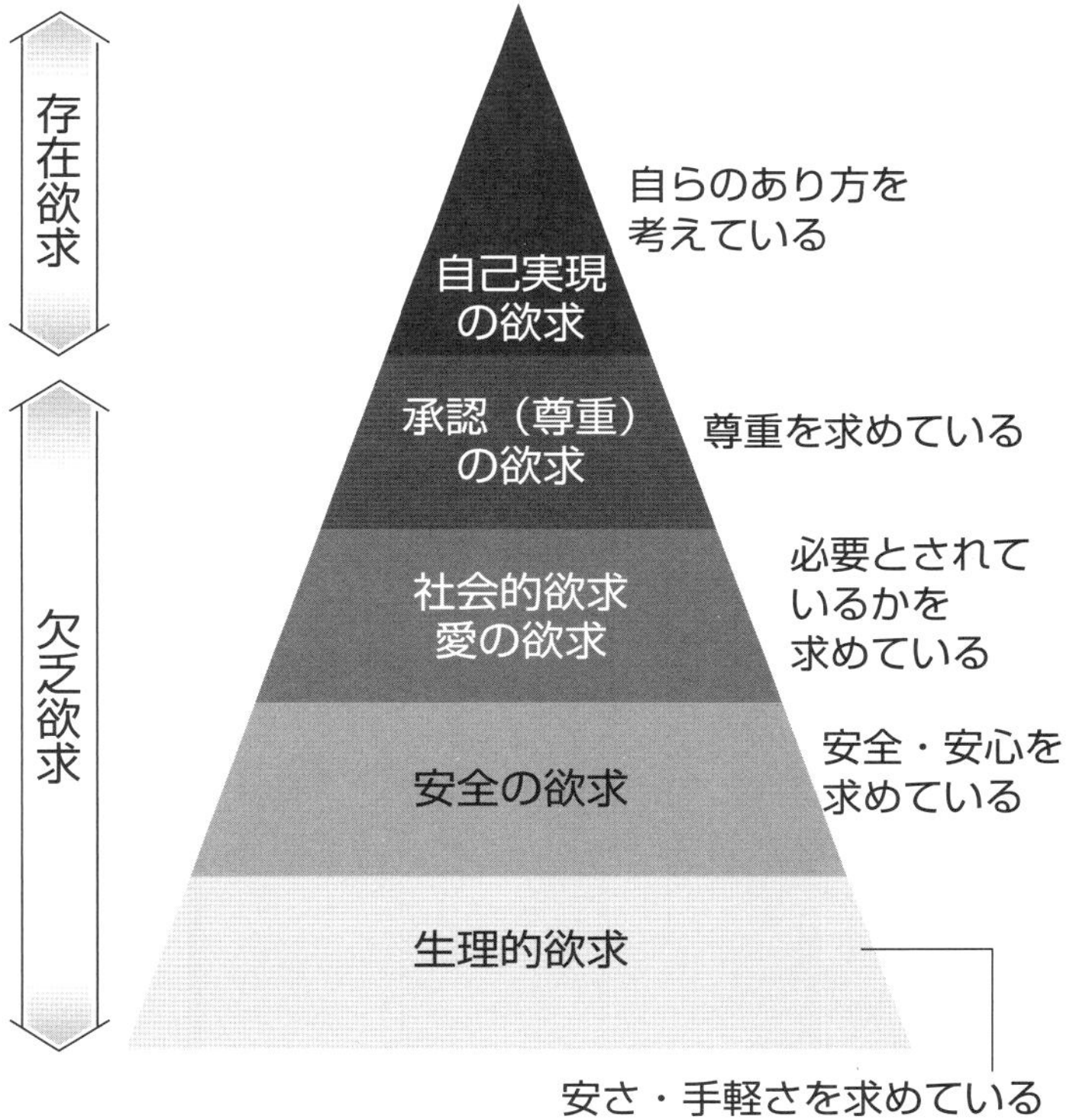
存在欲求
欠乏欲求
自己実現の欲求
自らのあり方を考えている
承認（尊重）の欲求
尊重を求めている
社会的欲求
愛の欲求
必要とされているかを求めている
安全の欲求
安全・安心を求めている
生理的欲求
安さ・手軽さを求めている

低次の欲求では「安さ」を求め、欲求レベルが上がると消費金額も上がる

これを見ながら消費金額をイメージしてみてください。

もし、あなたがお客様だったら、どの声を叶えてくれるお店や会社に対してお金を払うでしょうか。

◉――欲求レベルが上がると消費金額も上がる

「とにかく食べたい」という声には、いくら払いますか？

「私のこと、本当によく分かってくれている」という声にはいくらまで払えますか？

もうお気づきかと思います。**欲求段階が高次になればなるほど、消費金額は上がる**ということなのです。

もっと言うと、低次の欲求には価格の安さが求められます。

例えば「とにかく食べられればいい」「お腹が膨れればいい」という人は、できるだけ安く、とにかくお腹が空いているのをどうにかしたいのですから。

車だってそうです。「とにかく移動手段としての車が必要」という人には、様々な機能とか余計な装飾は全く必要ありません。とにかく安くて、故障もしないものが求められているのです。

でも高次の欲求になると、かっこよさ、機能の充実などが前面に出てきます。価格、値引き額も、低次の欲求を満たしたい人と、高次の欲求を満たしたい人では、全く変わってくるのです。

つまり、安さで勝負するのか、価値で勝負するのかは、どの欲求を満たすのかによって変わってきます。

ここからも、**低次の欲求＝物質的欲求＝物そのものを求めているときは「安さ」が決め手になり、高次の欲求＝精神的欲求＝コトを求めているときは「価値」が決め手になる、という傾向**が見えてくるはずです。

まずこのことを、しっかり押さえておいてください。

5 恐れからの消費行動か、愛情からの消費行動か？

別の角度からもマズローの欲求5段階説を見ていきたいと思います。

●——先進国では、すでに「欠乏欲求」は満たされている

マズローは最初の4欲求を「欠乏欲求」、最後の1つを「存在欲求」とまとめており、自己実現を達成できた人は少ないとしてきました。つまり、「自己実現の欲求までは、多くの人は達していない」としたのです。

しかし、「マーケティングの神様」と評されるフィリップ・コトラーは、2014年に新たなマーケティング理論を発表しました。

現代の先進国において、マズローの欲求5段階説で言う「欠乏欲求」はすでに満たされつつあり、今の消費者が欲しているのは「存在欲求」であることを提唱したのです。つま

マズローからコトラーへ

マズロー

「自己実現を達成できた人は少ない」としてきた

↓

コトラー

先進国ではマズローの言う「欠乏欲求」は満たされつつある

↓

消費者は存在欲求を求めている

欲求の段階は確実に上がっている。今は「自己実現の欲求」にどう対応するかがポイント！

り、人は成長し、欲求の段階は確実に上がってきているということです。

この「欠乏欲求」と「存在欲求」ですが、小むずかしくないですか？

分かりやすく言うと、**足りないから補いたいのか、もう満たされて次なのかということ**ですね。こう考えたときに、ひとつの考えと結びつきました。

●人間の行動の原点は2つしかない

あなたは、人間の行動の原点は2つしかないということをご存じでしょうか。**人が動き出すときのモチベーションは、シンプルに、恐れからか愛情からかの2つなのです。**

例えば、あなたが営業マンだとします。営業活動の原点は、売上げが足りなくて生活できなくなったらどうしようという恐れからか、もっとお客様に喜んでもらいたいという愛情からかの、どちらかではないでしょうか。

このように、どんな行動も、起点となるのは2つ。つまり、恐れからか、愛情からかのどちらかになります。つまり**恐れからの行動は、「足りなくて欲しい」**のです。怖くて、どうにかしたいのです。これが「欠乏欲求」とつながってきます。

そして、**愛からの行動は満たされているので、分け与えていきたい**のです。そのためには、どうありたいのか。つまり「存在欲求」につながるのです。

●――お客様に「与える」ことを考えよう

基本的に、求めると求められます。与えると与えられます。

鏡の法則のようなものです。

例えば、夫婦の関係も同じです。奥さんが旦那さんに何かを求めると、旦那さんも奥さんに求めるようになる。具体的に話すと、こんな感じです。

奥さん　「もう、うちの旦那は稼ぎが悪いのよ！　こんなのじゃ生活できないわ！」

旦那さん「あいつは、掃除も食事の支度もロクにしないで何してんだ！　不自由ない生活をしてるんだから、もっとちゃんとやって欲しい！」

奥さんが足りないことを考え、それを旦那さんに求める。そうすれば、確実に旦那さんも奥さんの足りないことを考え、それを奥さんに求めるのです。

反対に、与えると与えられます。

奥さん　「ほんと、いつも文句も言わずに働いてくれてありがとう！　今日は週末だから、一品増やしてちょっとでもねぎらおう」
旦那さん「少ない給料でも何も言わずに頑張ってくれているあいつに、今日くらいは何か買って帰って一緒に食べよう」

というような感じです。求めると求められるし、与えると与えられるでしょ。前者はケンカが絶えないですし、後者は仲良く幸せに暮らしていきます。
これを、あなたとお客様の関係に置き換えてみてください。

求めてくるお客様は、「もっと○○をして欲しい！　もっと○○を加えて欲しい！」と考えています。与えようとしてくれるお客様は、「紹介してあげたい、気持ちよく仕事をしてもらいたい」と考えています。

さて、あなたはどちらのお客様と付き合いたいですか？
答えは分かりきっていますよね。求めてくるお客様とは、正直なところ疲れる関係になります。できることなら、**与えようとしてくれるお客様とつながっていたい**と思う人がほ

お客様と「与え合う」関係でつながろう

人間の行動の原点は2つ！

恐れ → 足りない → **欠乏欲求**

↓

求めている

愛 → 満たされている → **存在欲求**

↓

与えようとしている

求めてくる
お客様
→ 「もっと○○して欲しい」
と考える

与えようと
しているお客様
→ 「紹介してあげたい」
「気持ちよく仕事をして欲しい」
と考える

お客様にどんなコトができるかを考え、
「与え合う」関係でつながろう

とんどではないでしょうか。
では、どうすればつながることができるのか？　それは、与えることです。

「お客様に、どんなコトができるのか」

これを徹底的に考えて、行動に置き換えていくのです。これが、お客様目線です。

●与えるから、与えられる。
●求めると、求められる。

こう考えると、お客様にどんなコトができるのか？　どうしたら、もっとお役に立てるのか？　ということも見えてきます。
このことに関しては、具体的に第3章でしっかりとお伝えしていきたいと思います。

第1章

「生理的欲求」に合わせた売り方

消費者の最も基本的な欲求は
「モノ」と「価格」。
まず、この段階での売り方を考えてみよう。

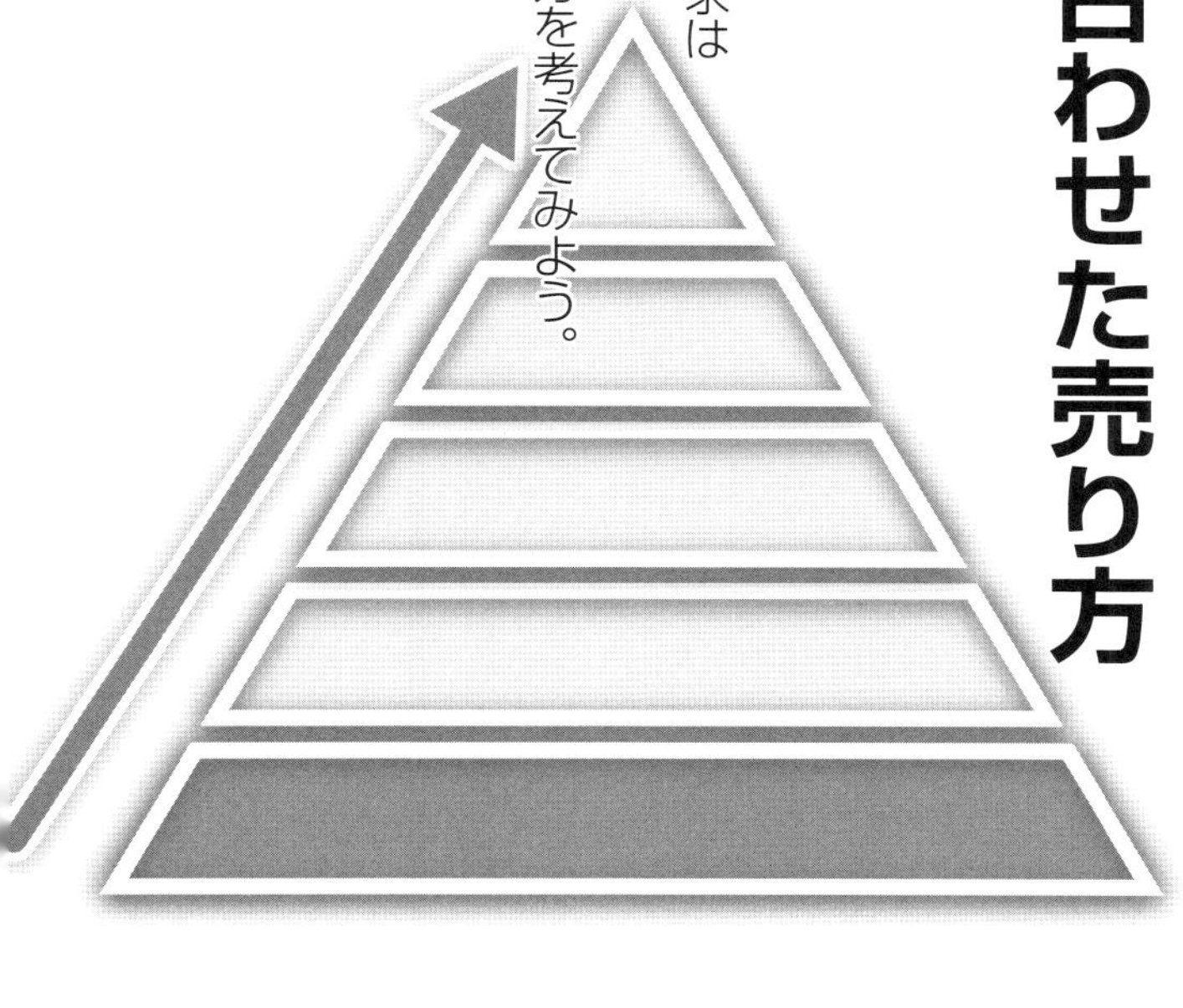

1 生理的欲求から消費を考えてみる

◉──「眠りたい」「食べたい」……という欲求から見えるもの

では、マズローの理論について説明していきましょう。一番下の「生理的欲求」って、そもそも何なのでしょうか。
いろいろな本を見てみると、だいたい次のように書かれています。

◆生理的欲求（Physiological needs）

生命を維持するための本能的な欲求のこと。食事・睡眠・排泄などが、これに当たる。例えば生活のあらゆるものを失った人間は、まず生理的欲求が最初に来る。人間以外の一般的な動物がこのレベルを超えることはほとんどない。

しかし人間にとってこの欲求だけという状況は、あまり一般的ではない。そのため多くの人間は、すぐに次のレベルである「安全の欲求」に進む。

簡単に言うと「寝たい！　食べたい！」という単純な生理的な欲求のことだと考えてください。「とにかく寝たい」「とにかく何か食べたい」こんなときは、場所はどこでもいいから寝たいのです。とにかく何でもいいから食べたいのです。

このことを、消費欲求に置き換えてみると、単純にモノやサービスそのものを求めていると考えてください。パンやごはん、寝る場所などです。この場合は味や雰囲気なんて関係なく、とにかく**「安く」「手軽に」「早く」**がポイントになります。

◉──現代では「生理的欲求」は、ほぼ満たされているが……

例えば、月給7万円の男性が一人で暮らしている場面をイメージしてください。

家賃に3万5000円、光熱費や電話代、諸費用で1万5000円、残り2万円で30日の食費を考えると、1日1000円も使えません。

となると1食は……なんて考えていくと、寝る場所が狭いとか暗いとか、共同トイレや共同風呂なんて言っている場合じゃない。ランチにどこ行く？　なんてもってのほか。とにかく、何かを食べて、寝る場所を確保して生きていく。極端に言えばそんな状況です。

もちろん、そんな状況は今の日本において、そう多くはないと思います。

しかし、一時的にそういう状況になるときはあるのではないでしょうか。

例えば、給料日まであと5日、残り5000円で何とか暮らしていかないといけない。そんなときは、やっぱり「とにかく安く、手軽に、必要なモノが欲しい」のです。

●――キーワードは「安さ」「モノ」

そこから浮かんでくるキーワードは「安さ」と「モノ」です。

お客様は、とにかく安いモノやサービスを欲しがっています。生きていくために最低限のモノは必要ですからね。では、この「安さ」と「モノ」から何を思い浮かべますか。

僕自身、最初に思いついたのが、2009年の西友のCMコピー「安い！　は愛だ！」です。覚えている方もいらっしゃると思います。安いことが正義で、愛なんだ！　とストレートに訴えかけたCMはとても印象的でした。

このように**マズローの欲求5段階に当てはめると、最も低次の「生理的欲求」は、「安く手軽に提供する」に尽きる**のです。

生理的欲求に訴えるには、
「安く手軽に早く」に尽きる。
まずここを徹底してアピール!
しかし、安いだけでは
お客様は満足しなくなる。

2 「生理的欲求」を一番理解していた企業は？

◉──「安さ」で勝負したダイエーが典型的！

西友だけでなく、少し前の話で言うと同じくスーパーを展開していたダイエーがあります。「ダイエー＝安い」というのが消費者の周知の事実でした。住宅業界では、坪単価が安い！　と打ち出したのがタマホームですし、ファッション業界でもユニクロやしまむらは消費者にとって「安い」というイメージでした。

スーパーダイエーの創業者である中内功さんは、**「価格の決定権を製造メーカーから消費者に取り返す」ことをモットーにしました。そうしてメーカーと戦い、消費者の望む価格でモノを届けようと**しました。

1957年に1号店を出してからはものすごい勢いで、1972年には当時の三越を抜き、小売業の売上高トップになりました。そして1980年2月16日に、日本で初めて小売業界の売上高1兆円を達成させたのです。

しかし、1990年代後半になって、バブル景気の崩壊により地価が下落していきます。地価上昇を前提として店舗展開をしていたダイエーにとって大きな痛手です。さらに、当時の消費者の意識は「安く」から「質」に変化していきました。ダイエーは時代の流れに乗れず赤字も増え、経営破綻していきます。

◉――「安さ」は突破力があるけれど……

なぜこうなったか――。

振り返ってみると、ダイエーのスタートは1957年。戦後でモノがない時代です。とにかく生きていくためにモノが必要で、質などは二の次だった。でも、「安さ」から「質」へと時代は流れていきました。

住宅業界では、タマホームが「坪単価が安い！」という打ち出しで一気に業績を伸ばしました。しかしその後、CMでも芸能人などを起用して「安い」から「質」へメッセージを転換していきます。今では、「品質も、価格も、叶う家」となっています。

僕の知っている地方の住宅メーカーや工務店でも、地域で一番にローコスト住宅に切り替えたところは、最初の数年は業績を伸ばしていきます。

とはいえ、**「安さ」は突破力があります**。

消費者側から見ても、とにかく生きていくためには安いほうがいい。同じものだったら1円でも安いほうがいいに決まっています。**マズローの理論に当てはめるなら、第1段階のカギは、まず「安さ」**なのです。

でも安さだけでは続かない場合が多い。その理由はいくつかあります。

●お客様が求めるものが「安さ」から「質」へ変化している
●すぐに価格競争になり、疲弊していく
●売れている理由が「安さ」のファンであり、「自社」のファンではない

先ほどのローコスト住宅にしても、次々と地元の工務店や大手企業が入ってきて、たちまち競争になりました。こうなると、さらに安売りをしなくてはいけません。次第に余力もなくなり、かなり苦しい状況に追い込まれます。

安さは突破力があるけど、「次はどうする？」という部分をしっかり考えないと、安さだけでは続かない。これからの時代、とくに日本において、これは確実に言えます。

◉——生理的欲求のあるお客様のことを考えてみよう

具体的なアプローチ方法を考える前に、まずは生理的欲求を持っているお客様のことを考えてみましょう。でも漠然と考えても、なかなか思い浮かばないですよね。

僕は、いつも次ページのような表を使って具体的に考えています。

この表をカンタンに説明しておきますと、表の真ん中には「どんな人か」を書きます。今回の場合だったら『『生きる』を求めている人』です。

「とにかく生きる」ことを求めている人を頭の中にイメージしてください。その人はどんな姿をしていますか？ どんな顔？　どんな目つき？　だんだんイメージできてきたら、その人が感じている「不安・不満・不便」を左上に書き出してみてください。

次は、興味のあるコトや関心ごとを右上に書きます。

書き上げた2つの項目を頭の中に思い浮かべながら、ではその人は、具体的に「どんなコトバをよく言ってるだろうか」と考えて、それを左下に書きます。そして「どんなコト

お客様のことを考えてみる

生理的欲求を持つお客様の場合

不安、不満、不便	興味、関心
よく言うコトバ	どんなコトバをかけて欲しいか

「生きる」を求める人

↓

不安、不満、不便	興味、関心
・食べるものがない ・眠れていない ・お金がない	・食べたい ・眠りたい　・質より量 ・とにかく早く、手軽に
よく言うコトバ ・もし食べられなかったら…… ・眠れなかったら…… ・何でもいいから…… ・早く…… ・とにかく食べたい……	**どんなコトバをかけて欲しいか** ・すぐ （食べられる、眠れる など） ・早く　・安く ・手軽に　・何でも

「生きる」を求める人

バをかけて欲しいんだろうか」と考えてみて、それを右下に書いてみてください。
例えばこんな感じです。

●不安・不満・不便
食べるものがない、寝（眠）られない、お金がない、身動きが取れない

●興味・関心
食べたい、寝（眠り）たい、質より量、とにかく早く、手軽

●よく言うコトバ
もし、食べられなかったら……、寝（眠）られなかったらどうしよう、何でもいいから、早く、何か食べさせて

●どんなコトバをかけて欲しいか
今すぐ（食べられる、寝られるなど）、早く、安い、手軽に、何でも

この表で、かなり「人」が明確になってきませんか。**「どんな人に伝えるのか」が見えていないと「伝えること」はむずかしい**のです。では、これを踏まえて具体的な行動を考えてみましょう。

3 「安さ」をアピールする具体的アプローチ法は？

◉——「安く、手軽に、早い」これがキーワード

安さを打ち出すときは「圧倒的な価格差」が必要です。

すぐに思い浮かぶのは、吉野家、マクドナルド、ドトールコーヒーなどの、外食ファストフードチェーンなどです。これらの店は、とにかく「安くて手軽」です。店もそれを売り物にする。高級感や旨さは、まずアピールしません。

もちろん「吉野家の牛丼が大好物」「マクドナルドの雰囲気がいい」という消費者もいます。でも多くは、「安く、手軽に、すぐ出てくる」ことで選びますね。

「生理的欲求」に合わせた売り方は、「安く、手軽に、早い」。これが基本なのです。徹底してこのことをアピールする——こう考えたほうが分かりやすい。

ただし**「1円でも安く」**とか、**「他店舗と比較して少しでも高かったら言ってください！」なんていうのはダメ。価格としての「分かりやすさ」が大切です。**このことは、次の「安全の欲求」へとつながっていきます。

「欲求5段階」と言っても、それぞれが〝別個〟ではありません。マズローは「段階説」と名づけましたが、これは分かりやすくするため便宜上そうした、と言えます。

人間の欲求は、いわば坂を登るように上がって行きます。**生理的欲求を求めているときも、次の「安全の欲求」を視野に入れている**ものです。

そう考えると、最初は「安さ、手軽さ、早さ」だけで行けても、お客様はそれだけでは満足しなくなってくるのです。このあたりの〝つながり〟も考えておきましょう。

売るほうも、安くすればするほど利益率も下がります。

仮に「どこよりも安い、とにかく安い！」を打ち出したとしても、「安かろう、悪かろう」では、消費者は次第に離れて行きます。吉野家のキャッチフレーズを思い出してください。そう――「うまい、やすい、はやい」ですね。

スピーディーで、安くて、しかも〝高品質〟ということです。

工業製品でも、すぐ壊れるようなものでは、いくら「安さ第一の人」に対してでも、売れません。

欲求レベルも生理的欲求から安全の欲求へ進んで行きます。次の段階へつながることを考えれば、最初は安さと手軽さで押したとしても、**「安売りできる理由」は早めに明確にしておくことが大切です**。

例えば、スーパーで「野菜が安い！」とチラシなどで打ち出すとします。

「野菜が相場の半分！　生活応援価格!!」

これだと圧倒的な価格差があります。でも、消費者はふと疑問が湧くわけです。

「安いけど、この野菜っておいしいのかな？」

食べ物ですから、いくら安くてもまずいものは売れません。

そのときには、こんなふうに書いてみるのです。

「安さの秘密は、直営農場にアリ！」
どうにかして安くてうまい野菜を届けたいと思い、研究に研究を重ねた結果、完全自然農法での栽培に成功しました。肥料も農薬もいらない、手間もかからない、だからこそ安く提供できるのです。そして、完全自然農法なので、おいしい！　そして安心・安全！

「安さの理由」をしっかりと伝えることで、「安かろう、悪かろう」ではないことを伝える、「おいしい」「質も良い」ことが分かれば、安心して購入してもらえます。次の「安全の欲求」を見すえたものにするわけです。

次の欲求に備えて、しっかりとお客様に向かって「安さの理由」を伝えましょう。

◉――時代は、大量生産、大量消費ではない

ただ、時代背景を考えると「生理的欲求」に働きかけるのはむずかしくなってきているのも事実です。58ページでも書いたように、マズローの欲求5段階説でも、こんなふうに

言っています。

食事・睡眠・排泄などが、これに当たる。例えば生活のあらゆるものを失った人間は、まず生理的欲求が最初に来る。人間以外の一般的な動物がこのレベルを超えることはほとんどない。

皆さんも感じている通り、もうモノは行き渡っています。大量生産、大量消費の時代ではなく、確実に「質」の時代になっています。

ただ、この章の冒頭にも書いた通り、「安くモノが欲しい」という状況はあります。もしくは、**日本ほど成熟してモノが行き渡っている国ではなく、まだまだ「モノが欲しい」「モノが足りない」という国においては、この生理的欲求が強いですから有効になる可能性が高いのも事実**です。

ですから「生理的欲求」を販売に応用するのは無意味ではないのです。

第2章

「安全の欲求」に合わせた売り方は？

ポイントは「安全の確保」。

「失敗したくない」「間違った買い物をしたくない」

……そんな欲求に訴えかけよう。

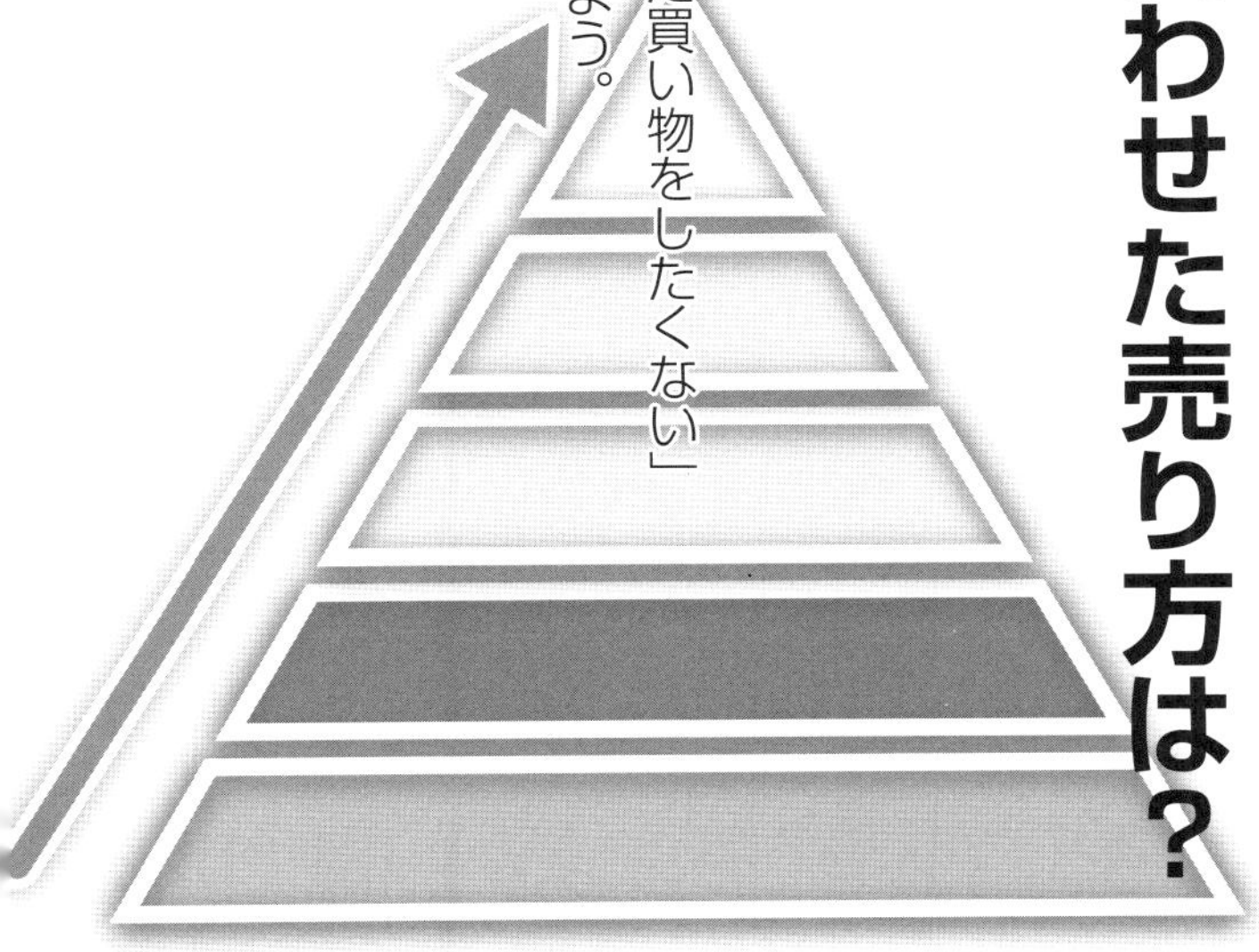

1 「安全の欲求」から消費を考えてみる

●安全の欲求を「消費欲求」で考える

さて次に第2の欲求「安全の欲求」って何でしょうか。
心理学やマーケティングの本などには、こんなふうに書かれています。

◆安全の欲求（Safety needs）

安全性（主に経済的安定性）、良い暮らしの水準、健康な状態の維持、事故の防止など、予測可能で秩序だった状態を得ようとする欲求。病気や事故などに対するセーフティ・ネットなども含まれる。

例えば「幼児」。幼児は、脅威や危険に対する反応を抑制しない。怖ければ泣くし、怯える。しかし一般的に健康な大人はこの反応を抑制する。つまり我慢する。さらに多くの人はこの欲求には満足している場合が多いため、一般的な大人がこの安全欲求を動機に行動するということは少ない。

――これだけ読むと「なんだ、もう関係ないいんじゃないの？」と思うかもしれませんが、少し消費欲求まで落とし込んでいきましょう。

◉――「失敗したくない！」という欲求

「寝たい！　食べたい！」という生理的欲求が満たされると、「食べたいけど、それって大丈夫なの？」という安全に対しての疑問や、安定したサービス、その他にも「事故を起こしたくない、病気をしたくない」というような欲求が生まれます。

つまり、安全でいたい、そして何より「失敗したくない」という欲求のことだと考えてみてください。あるいは、安くて手軽な商品より、「もう少しおいしく、安全性も保証されている」商品が欲しくなります。

●そもそも大丈夫？

●今の状態を維持するためには？

●今より、もっと！

このような感情が出てくるのをイメージしてみてください。

原始的な欲求に思えるかもしれませんが、高度な情報化社会の現在、逆にこの安心や安全が不安定になってきていると思いませんか。

インターネットが発達して、多くの情報が瞬時に手に入るようになりましたが、何をもって信用していいのか分からない状況になったのも事実です。


少し前までは、「老舗・大企業・ブランド」というのは単純に信用に値するものでしたが、昨今の建築業界や食品業界の偽装事件などを見ていると、大企業もブランドも信用できないないという感じになっています。

でも、情報だけは洪水のように溢れている。何をもって「安全・安心」と判断できるのか……、これ、けっこうむずかしい問題だと思いませんか。

◉──キーワードは「信用」です

少し歴史を振り返りましょう。

日本はもともと農耕民族でした。定住し、その土地で食べるものを作っては協力し合い、一緒に生活をしていたのです。そんな状態から、戦争を機に大量生産、大量消費の時代へと変化していきます。とにかくモノが欲しい！　そんな時代です。同じものを安く効率よく作り出すことが優先され、個性なんて必要ありませんでした。

こうして洗濯機に冷蔵庫、クーラーに車など、モノが行き渡ったあとに次の時代を迎えます。インターネットの発達とともに訪れた情報化社会です。たくさんの情報を誰もがカンタンに得ることができるようになり、その情報を通して消費や行動をしたり、情報自体を買ったりするようになったのです。

ここで大きな問題が起こりました——。

それは、その情報の信頼性が疑われ、損なわれたりしたこと。建築や食品を中心とする偽装事件です。賞味期限を変更して店頭で売り続けることや、中国産の食品にもかかわらず国産と言ってレストランのメニューに記載するといったものです。

「あぁ、そう言えば、いろんなことがニュースになってたな」と思い出す方も多いのではないでしょうか。様々な業界の、検査データ改ざん事件が起こるたびに謝罪会見が行なわれていますね。
多くの偽装事件は、消費に大きな影響を与えました。今まで単純に信用に値した「大企業・老舗・ブランド」さえも信用できなくなったのです。**たくさんの情報は入ってくるけど、どれを、どう信用していいのか分からない。**
そんな不信感が漂ってしまったのです。

いかに信用を得るのか?

これは、中小企業のみならず大企業も老舗にとっても大きな課題なのです。そんな中で「モノ」と「安さ」を提供しているところは、まず**「その商品って大丈夫なの?」「どうして、そんなに安く売れるの?」などの疑問に答えていかなくてはなりません。**
もはや「安さ」だけでは通用しませんし、「大手だから」といった概念も通用しません。それに、すでにお話ししたように「安値合戦」になると、売る側も疲弊します。

「なぜそんなに安く売れるか」

情報化社会で信用を得る！

農業社会

↓

工業化社会　　無個性

↓

20世紀↓

一歩進んだ工業化社会

情報化社会

21世紀↓

＋α
利便性
こだわりの
情報

↓

一歩進んだ情報化社会

時代はこんなふうに進んできた

どの情報が正しいか、よく分からない

多くの情報が溢れる中、
「どうやって信用を得るか」が
大切になってきた

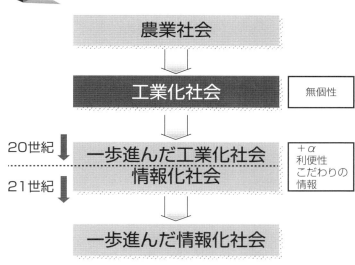

これを伝えることは、「安全」を伝えることにもつながります。

◉──「安全」を伝えるには、「なぜ安全か」を示す

●産地を明確にする
●生産者の名前を出す
●安さの理由を明確にする
●お客様との約束をする

などの情報を商品やサービスにプラスして発信するようになるのです。

消費者は知っています。同じ商品を普通にやっていて半値では売れないことを。半値には必ず理由がある。それは大量仕入れをしているからかもしれないし、一度に大量に作るからかもしれない。

そうでなければ、欠陥品かB級品、もしくは偽装していると感じるのです。

だからこそ**「それって大丈夫？」「なぜ安いの？」という消費者の疑問に明確に答える**

必要があるのです。

さらに安全性が確保されると、やはり「もっと」が望まれます。

- もっといい商品を
- もっと付加価値を
- もっと長い補償を
- もっと対応を早く
- もっと安定したサービスを

これに、どう応えていくかが大きなポイントとなるのです。

「モノ」「価格」にプラスして、様々な付加価値が求められるということです。

では、それにどうやって対応していけばいいのでしょうか。

2 「安全の欲求」を最も理解しているのは？

◉――アウトレットでは、「なぜ安全か」を訴える

まず、「その商品は大丈夫？」「なぜ安いの？」の2つの疑問に分かりやすく答えている業態があります。

皆さんもご存知のアウトレットです。大手のアウトレットモールに行けば、有名ブランドや会社が軒を連ねています。そして明らかに安い。でも、その理由は明確です。

その商品は大丈夫？＝大丈夫です！　いろいろなお店で販売していますから

なぜ安いの？＝傷モノや時期遅れのために安くしています

分かりやすくないですか？

もうひとつ、リサイクルショップも分かりやすいですよね。

その商品は大丈夫?＝大丈夫です！　すでに一度誰かが喜んで購入したものですから

なぜ安いの?＝誰かが一度は使ったことがあるからです

リサイクルショップの買取りの原則として、メーカーで売れ残って倉庫に眠っているような在庫品は買いません。誰かが「欲しい！」と思って購入したものは、きっと「欲しい！」と思ってもらえる人がいるはずという考えのもと、個人のお客様から買取り仕入れを行なうのが基本です。

やっぱり**「理由が明確」というのは安心ですよね**。その商品の奥にある情報、その価格の奥にある情報をしっかりと伝える。これが大きなポイントになります。

ただ、「安いよ！」だけでは、「なぜ安いのか」が分かりません。

ですから、その他にも**「産地」や「生産者」の情報や「仕入れルート」「OEM」の情報を伝えることも、消費者の疑問に答え信用を得ることにおいては大切です**。

そして「〇〇ならココ！」といった具合に、自分で言うのではなく周りから認められているというのも確実に信用につながります。例えば、こんな感じです。

●新鮮な野菜だったら、〇〇スーパーよね
●お肉だったら、〇〇屋がイチバン！
●アスリートの整体といえば〇〇しかない
●宴会するなら、〇〇に頼むといい
●痔といったら、あの医者だ

あなたの周りにも、こんなところってありますよね。

これは、自分自身が言うのではなく第三者が認めているという点で信用が置けます。そう考えると、**信用というのは相手との間に生まれるもので、自分だけでどうにかしようと思ってもなかなかできない**のがポイントのようです。

だからこそ、大切なのは、相手に信用してもらうために、いかに情報をプラスできるかということ。つまり「伝える」ことが必要になってくるのです。

◉――安全の欲求のあるお客様のことを考えてみよう

具体的なアプローチ方法を考える前に、まずは安全の欲求を持っているお客様のことを考えてみましょう。86ページの図表を見てください。

図表の真ん中には「安全・安心を求める人」と書きます。**より安全や安心を求める人って、どんな人だろう？　一度頭の中にイメージしてください**。その人は、どんな姿をしているでしょうか？　どんな顔？　どんな目つき？　だんだんイメージできてきたら、その人が感じている「不安・不満・不便」を左上に書き出してみてください。

次は、興味のあるコトや関心ごとを右上に。書き上げた2つの項目を頭の中に思い浮かべながら、ではその人は、具体的に「どんなコトバをよく言ってるだろうか」と考えて、それを左下に。そして「どんなコトバをかけて欲しいんだろうか」と考えてみて、それを右下に書いてみましょう。

例えばこんな感じです。

安全・安心を求めるお客様とは？

安全・安心を求める人

不安、不満、不便	興味、関心
よく言うコトバ	**どんなコトバをかけて欲しいか**

安全・安心を求める人

不安、不満、不便	興味、関心
・この商品大丈夫か？ ・この価格はなぜ？ ・誰が作っているのか？	・もっと安心を ・もっと安全を ・もっと便利に
よく言うコトバ	**どんなコトバをかけて欲しいか**
・大丈夫？ ・本当かな？ ・補償は？	・大丈夫ですよ（その理由） ・なぜ安いかというと…… ・補償もありますよ ・○○も使っていますよ

●不安・不満・不便

この商品は大丈夫か、この価格ってどうして、誰が作ってるの？

●興味・関心

もっと安心を、もっと安全を、もっと便利に

●よく言うコトバ

大丈夫？　本当なの？　補償はどうなってるの？

●どんなコトバをかけて欲しいか

大丈夫です！　安いには理由があるんです！　補償もあります！　○○も使ってます！

第1章の生理的欲求でも、この表を用いて考えてみましたが、安全の欲求においてもこうしてみると随分と「人」が明確になってくるはずです。

やはり「人」が見えていないと「伝える」ことがむずかしいので、まずは「人」を明確にして、具体的なアプローチ方法を考えていきましょう。

3 具体的アプローチ法――「伝える」

◉――「なぜ安いのか」を、はっきりと!

さて、具体的なアプローチを考えていきたいのですが、まず最初に「安さの理由」は、先ほど(82ページ参照)でもお伝えした通りです。その他に、商品の裏側を伝える。

・産地
・生産者
・製造方法
・仕入れルート
・他者評価

お客様に信用してもらうには、
「なぜ、安いのに安全か」を
正確に「伝える」ことが
ポイントになる。

などがあげられます。例えば、りんごでも商品と価格だけだとこうなります。

りんご　1個200円　今日だけ半額!!

いわゆる、商品名と価格の書いたプライスカードのようなものに「今日だけ半額！」の情報がプラスされているわけですが、これではなかなか信用は得られません。

情報を少しプラスしてみましょう。

●産地＝青森産「ふじ」
●生産者＝りんご農家の青木さん

◉──分かりやすく伝えるには？

産地と銘柄が分かると「あぁ、あの有名なふじりんごか」となり、おまけに生産者の名前と顔まで出すと「この人が作ったんだな」と少しは安心できるようになります。

●製造方法＝あえて水分量を減らし、りんごにストレスを掛けることにより甘さが引き立ちます。そのぶん青木さんは毎朝「ありがとう、よく育ってくれたね」と声を掛けているので、りんごはより一層頑張って甘くなろうとするのです。
●仕入れルート＝りんご農家の青木さんと専属契約して、直接仕入れています。
●他者評価＝有名ホテルやレストランからも引き合いがあり、現在○○や◇◇でも使われています。

製造方法や仕入れルート、他者評価をプラスするといかがでしょうか。その商品の裏側が見えて安心でき、価値が伝わってきます。その上で、今日はどうしても地域の皆さんに食べて欲しくて「お試し価格で半額とさせていただきます！」としたらどうでしょう。最初の情報と比べてみてください。どちらが信用できますか？　どちらが買ってみたくなりますか？　結果は明らかですね。

◉――「お客様に対してのこだわり」を伝えよう

他にもあります。**こだわりを伝えてみるのもいいですね。**例えば、僕の知り合いの薬局

こんなプライスカードは、考え直してみよう！

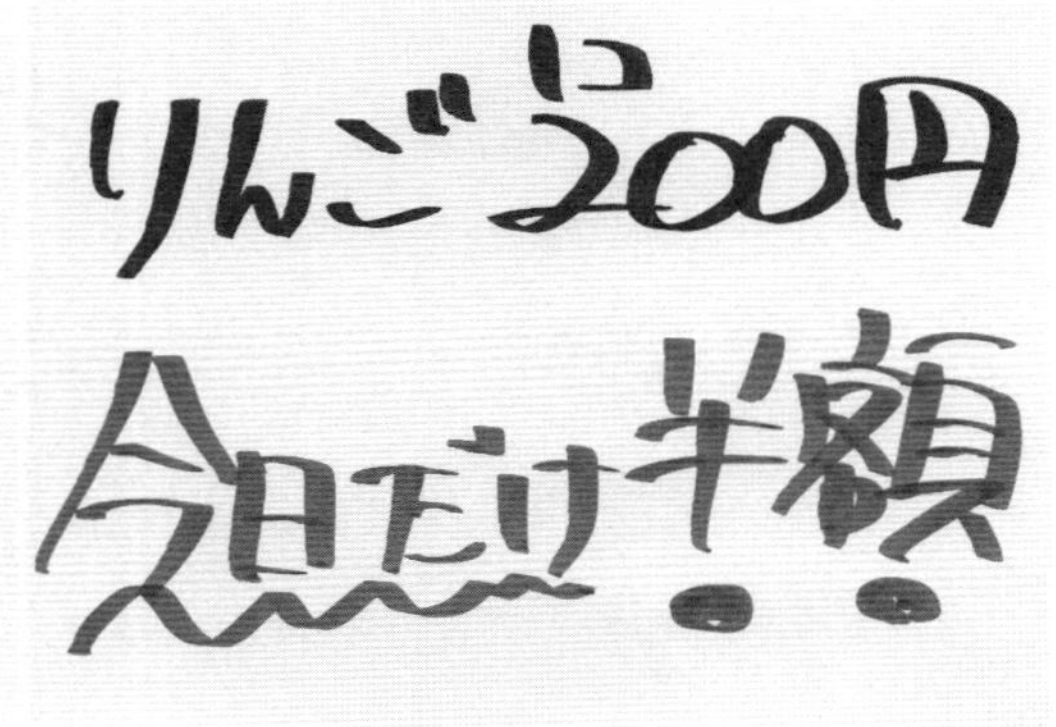

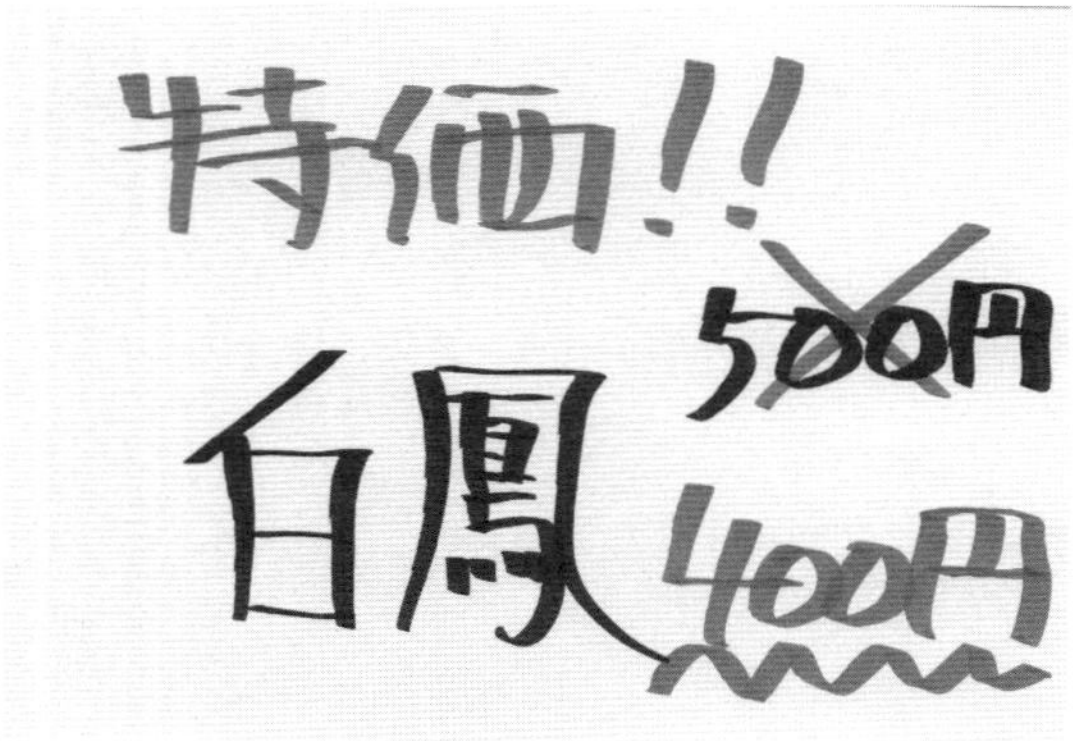

安い金額だけで、「なぜ安いのか」が
書かれていない

その商品の背景を伝える！（良い例）

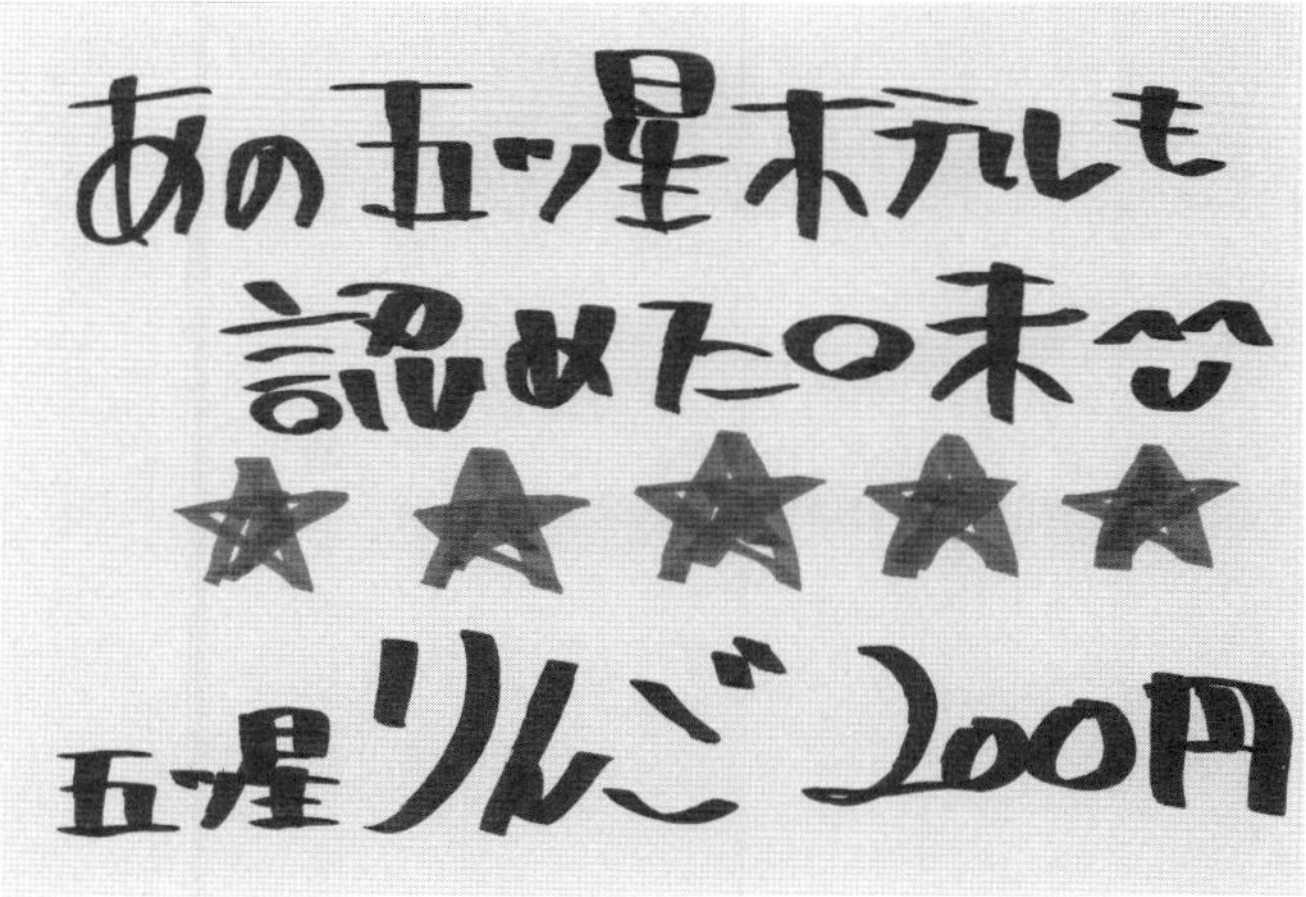

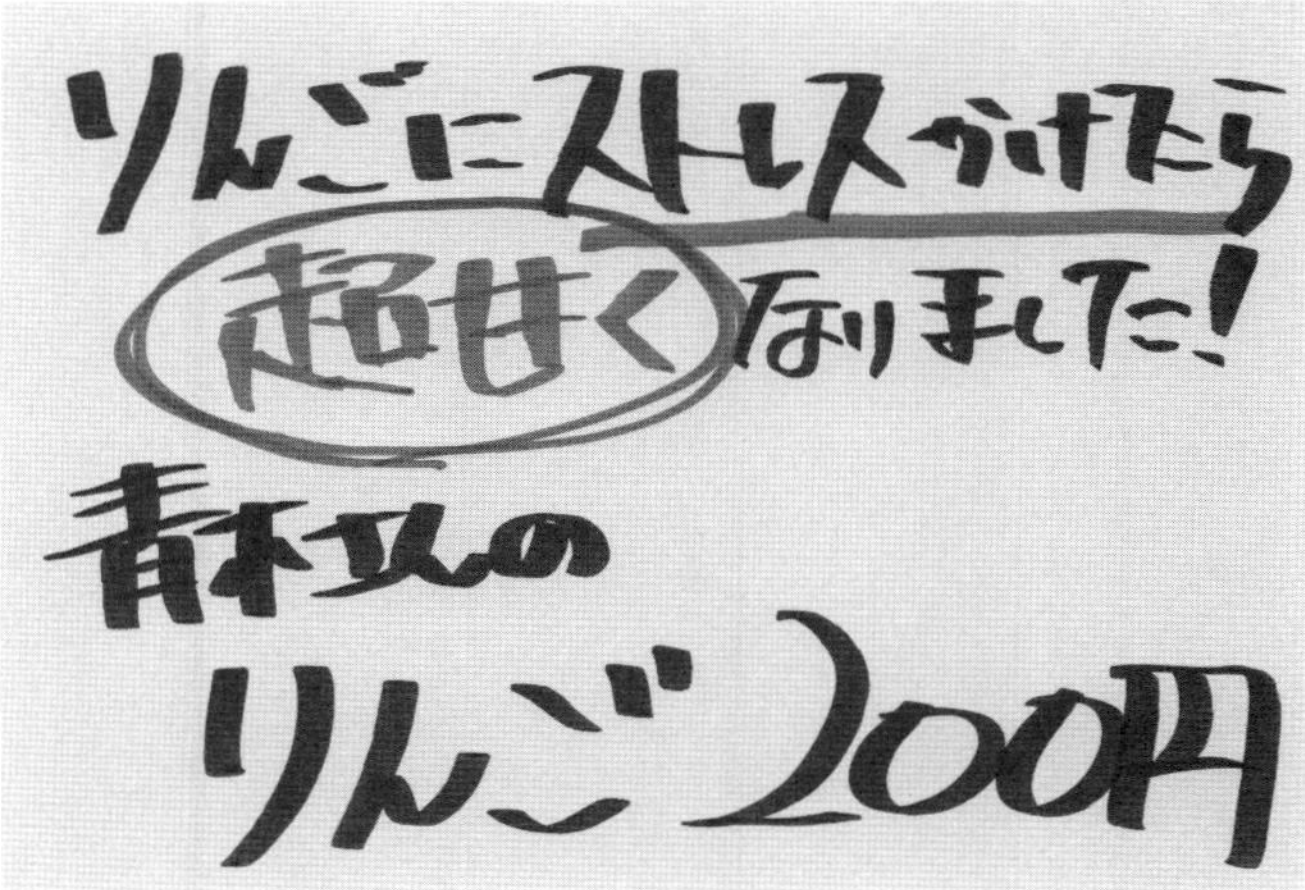

の店主でこういうこだわりを持った方がいます。

「自分が使って、家族にも使わせたい商品だけをお届けします」

そんなふうに言われると使ってみたくなりませんか。

ちなみに、この薬局は大繁盛しています。このこだわりのポイントは、手前味噌なこだわりではなく、お客様に対してのこだわりを伝えることが効果的です。

どちらにしても、この**「伝える」のポイントは「分かりやすさ」にあります。**

- 安さの理由の分かりやすさ
- 産地や製法などの分かりやすさ
- こだわりの分かりやすさ

自分たちが言いたいことではなく、相手（お客様）が知りたいことを。相手（お客様）に届くコトバを選びましょう。

こだわりのある、いいものを安く売る場合、大量仕入れができ、かつ独自の仕入れルートを持っている大企業や大店舗が有利です。

では、中小企業、中小店舗はできないのか、となると、方法はあります。

それが「絞り込み」です。

すべての商品ではできないかもしれませんが「これだけは！」という商品に絞り込めば、できる可能性があります。その際には、「〇〇だったら」を目指すのです。

例えば、スーパーだったら、

- 魚だったら……
- 肉だったら……
- 新鮮な野菜だったら……

というように絞り込むことによって、集中してできますからね。これなら中小にもできる可能性は広がるはずです。

4 「生理的欲求」と「安全の欲求」は、一緒に考えると分かりやすい

◉安全の欲求を持つ人に対しては?

さて、ここまで見てきました「安全の欲求」についてですが、第1章の「生理的欲求」と合わせて考えると、より分かりやすくなります。プロローグでもお伝えした通り、**この2つは物質的欲求という観点でも同じ**なのです。

物質的欲求を持つ人には、これらが必要となります。

- **品揃え**
- **価格**
- **情報**

●安心・安全

●利便性（早く、スムーズ、同じサービスを提供）

実は、この5つの項目で業績を伸ばしてきた代表が皆さんもご存じの「amazon（アマゾン）」です。品揃えは、今や2000万点以上とも言われています。本だけではなく、雑貨や食品、DIY商品から自動車の部品、今では法事のお坊さんまで注文できる。こんな品揃えは実店舗ではあり得ません。もちろん、大量仕入れでネットを活用しているので価格は低くできます。この理由も明確です。

利便性は言うまでもありません。登録さえしておけば、すべてのものが簡単なクリックで買えるし、おまけに全国どこでも基本は即日配送ですから。

クレジットカードも、アマゾンなら安心して使えますよね。おまけに、必要な商品や興味のありそうな商品の情報まで教えてくれるのですから、もうこの分野では無敵です。

◉──物質的欲求を持つ人には「いかに与えるか」！

物質的欲求を持った人には、いかにモノを揃え、価格を下げ、利便性を上げるのかが魅力になります。どれかで一番を目指すのも大変なのに、すべての部分で一番の企業がすでに存在するのは脅威でしかありません。

いずれにせよ、この部分ではナンバーワンを目指す必要があります。どこよりも品揃えを完璧にする。どこよりも安い価格。どこよりもお客様の利便性を追求する。そのためには、大きな資本が必要になることは言うまでもありません。

そういった意味では、比較的大企業に向いていると言えますね。

第3章

「所属と愛の欲求」に合わせた売り方・ポイントは？

〝つながり〟の欲求に訴えるには、「ひとりじゃない」をアピールするのがキーワードになる。「みんなも同じだよ！」で所属の欲求は満たされる。

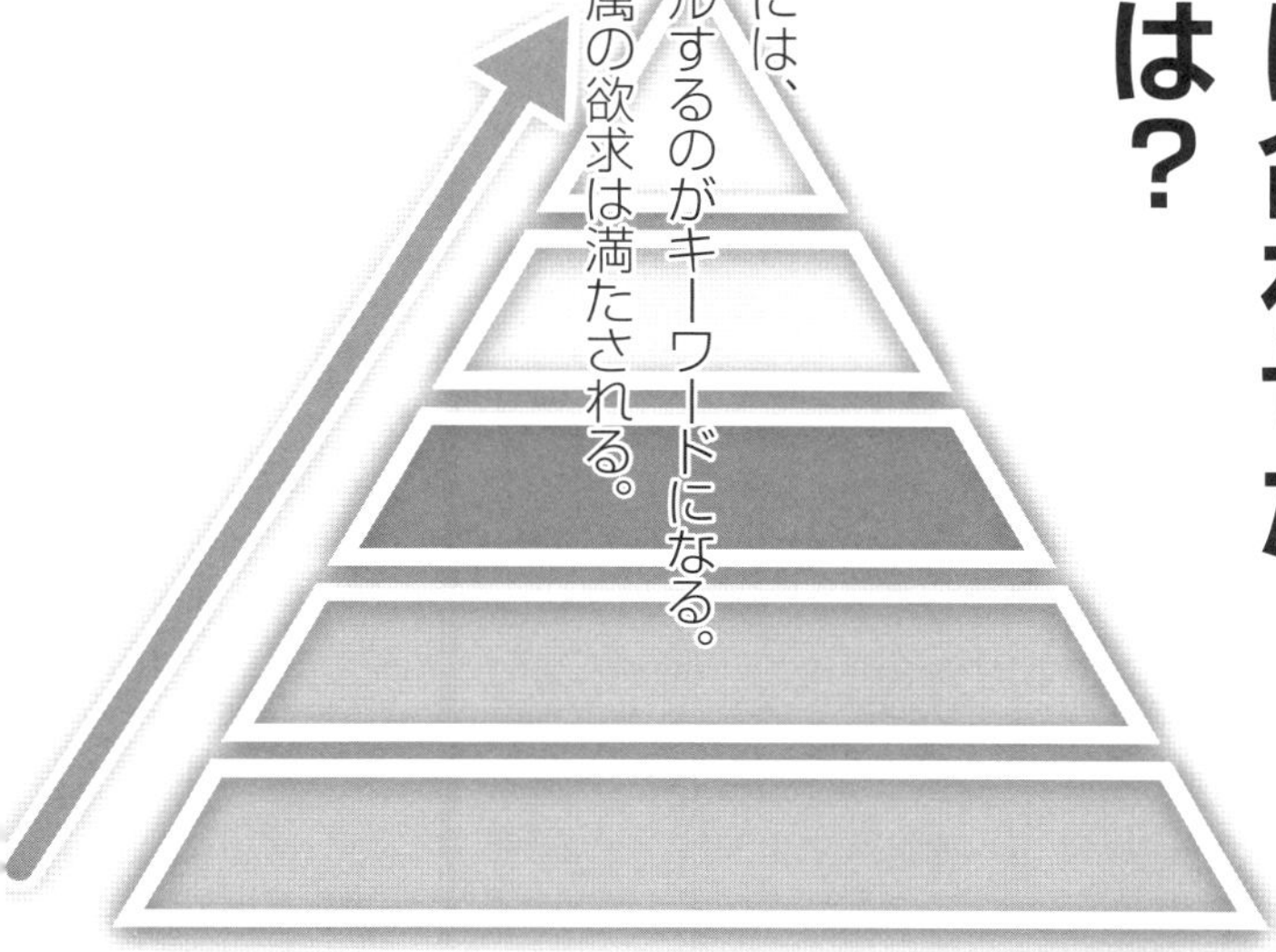

1 「所属と愛の欲求」から消費を考えてみる

◉周囲を気にし始める精神的欲求でもある

この章では、第3段階の「所属と愛の欲求」＝「社会的欲求」について考えていきたいと思います。「寝たい！　食べたい！」という生理的欲求が満たされ、第2段階の「事故を起こしたくない、病気をしたくない」というような、「安全でいたい、安心を得たい」という欲求を満たすと、次の欲求に入ります。

解説書などによると、次のような説明ですね。

◆社会的欲求「所属と愛の欲求」(Social needs/Love and belonging)

生理的欲求と安全の欲求が満たされると、この欲求があらわれる。

これは、「自分が社会に必要とされている」「果たせる社会的役割がある」という感覚でもある。「他者に受け入れられている」「どこかに所属している」という感覚で、人間関係とも深く関わる。

孤独・無縁状態であることに悩む一方で、愛を求める。

この欲求に関しては、第1段階の生理的欲求、第2段階の安全の欲求に比べても、あなた自身も比較的思い当たる節があるのではないでしょうか。

「どこかに所属していたい」
「みんなはどうなんだろう」
「私って、必要とされているのだろうか」

そんな不安を思い描いたことは、一度や二度はあると思います。

そして、もうひとつ大切なことがあります。

これまでの欲求が物理的欲求だったのに対して、ここからは精神的な欲求に入るという

こと。これは見逃してはいけません。
「心を満たすには、どうすればいいのか」を真剣に考えていかないといけないのです。

●最初に求めるのが「つながり」！

心を満たすのに、最初に求められるのが「つながり」です。**人って孤独だと何も面白くないどころか、どんどん荒《すさ》んでいってしまいます**からね。人の住まなくなった家のように、どんどん古びていってしまう。

そうならないためにも、社会的なつながり、所属の欲求を持つわけです。


今の時代も、この欲求が大きいことはある事象からも読み取れます。

それは「ＳＮＳの発展」です。ネットを通してつながりを実感できるＳＮＳは、まさにこの欲求を満たしていると言えます。こんなに広まるのも、「つながりたい、結びつきたい」という欲求が、人々にはまだ大きいからなのかもしれませんね。


さて、話を元に戻します。

この欲求へのキーワードは「ひとりじゃない」です。

この段階では
お客様一人ひとりの
「心を満たすには、どうすればいいか」
を真剣に考えていく！

2 キーワードは「ひとりじゃない」

●──「私だけじゃない」という気持ちに訴える

所属と愛の欲求を消費欲求と置き換えてみると、2つの側面が見えてきます。

1つ目は「ひとりじゃないよ！　みんなも買っているよ！」
2つ目は「ひとりじゃないよ！　みんなで集まろうよ！」

「ひとりじゃないよ！　みんなも買っているよ！」とは、第2段階の安全の欲求からのつながりでもあります。「大丈夫！　安全だよ！」と伝えても、売り手の言うことはどうも信じられない。結局は売ろうとしてるんじゃないの？　と思われる場合も多い。

第3段階では、それではいけないんですね。**売り手が自分で発信するよりも、買い手と**

同じ立場の「お客様の声」が大きなポイントになります。

想像してみてください。

あなたが商品を見て「コレいいな」と思ったとします。いろいろと説明を聞いて納得もした。でも、ふと頭に思い浮かぶのは「私の買おうとしているのって誰か他の人も買ってるよね?」「私だけじゃないよね?」という思い。

ご存じの通り、**人間は本能的に「失敗したくない」「実験台になりたくない」という意識があります。これをいかに解決してあげるかということが大切**です。安全の欲求から一歩進んで、「失敗したくない」というお客様の悩み(恐れ)を一緒に解決するのです。

◉──「お客様の声」をチラシなどに活用する

こうした不安や恐れを解消するため、だいぶ前から「お客様の声」が活用されています。チラシにもDMにも、ホームページにも必ずと言っていいほどお客様の声が載っているのは、売り手側にこういった〝狙い〟があるからです。

テレビショッピングなどでも、多くの場合「ご利用者様の生の声」からスタートするシナリオも多い。例えば、ダイエット食品のテレビショッピングならこんな感じです

「今まで、何をしても続かなかったのにこれはスゴイ！」

「正直、どうせまた一緒でしょと思っていましたが、これなら続けられます」

「いつでも飲めて、飲みやすくて最高！」

「こんなに痩せてイイの⁉　ビックリです」


こんな嬉しい声が続々と届いています‼

この声をもらっている商品とは○○○。

どうして、こんな声をいただけるかというと、この商品の中に入っている□□□という成分に関係があります！

その成分には…………


というように、成分の効果効用や、商品のスペック、価格などが伝えられていきます。

①最初にお客様の声で「結果」
②その結果が出る「商品」
③その商品で結果が出る「理由」

こんな順番になっています。

最初に「結果」を伝えるとともに、「ひとりじゃないよ！　みんな買っているよ！」「みんな結果が出ているよ！」「あなたも仲間入りしましょ」……そんな裏メッセージを入れることで、この第3の欲求を満たしているのです。

◉――ネットでは口コミ情報が大切になってくる

そして、最近ではこの進化版として「レビュー」「口コミ」というものも多くなりました。例えばアマゾンでは購入者が商品の感想を「レビュー」という形で書き込めます。他のサイトでも「口コミ」のような名称で印象を書きます。

ネット通販が盛んになると、実際に商品に触ってみることがむずかしくなります。お店の紹介サイトでも、**おいしいのかまずいのか、魚がうまいのか肉がうまいのか……こういったことは、買った人の書き込みが大いに参考になります。**

どのショッピングサイトでも「カスタマーレビュー」「口コミ」のようなものは、たいていあります。これを参考にお買い上げいただくことが多いため、「たくさんのレビューを書いてもらう」ために各ショップが工夫をしているケースも多々あります。

このように選ぶ理由にもなっているレビューや口コミですが、根本的には**「ひとりじゃない！　安心して買っても大丈夫だよ！」**という第3の欲求に応えているのです。

◉──「コミュニティに加わりたい」というときの消費者心理

この段階の「所属と愛の欲求」では、もうひとつの気持ちにも着目しましょう。

「ひとりじゃない！　みんなで集まろうよ！」です。

これはまさに「所属の欲求に応える」ということ。売り手は、「コミュニティに加わりたい」「仲間が欲しい」という消費者の欲求に対してどう応えていくか──なのです。

こちらの典型は「会員制」です。

「購入して会員になると、会員様だけにお得な情報が届きます」

このように会員登録してもらうことにより、〝特別感〟と共に、「ひとつのコミュニティに加わる」ということになるのです。

ただ、今となっては、あまり効果がなくなってしまっていることが多いのが現状です。

その理由は、消費者心理を考えると分かるはずです。

例えば、あなたが何かを購入したとします。

「お客様、会員になっていただければお得な情報が届きますので、ぜひ入ってください！」と言われても、「いや、今回はいいです」とか「また今度」なんて答えることが多いのではないでしょうか。

どうしてなんでしょうか？　その答えは２つ。

●どこも会員制をやっている
↓どうせどこも同じだと思われている
●顧客の囲い込みが目的
↓売り手側のいいように使うんでしょと思われている

このような感じではないでしょうか。**売り手主導の、売り手のためにあるようなコミュニティには参加したくない**んですね。ではどうすればいいのでしょうか。

◉――「好き」「発見」「出会い」のためにコミュニティに入る

現在所属しているコミュニティは、どんなコミュニティでしょうか。

例えば、僕だったら

●食べることが大好きな人が集まる「美食会」
●ファッション関係の人が集まる「美装会」
●あるショップが主催する京都の経営者が集まる会
●主婦の生の意見が聞ける「主婦の食事会」

などがあります。そのコミュニティに、なぜ入ってるのかな？　と考えてみると面白いことが見えてきます。

●「美食会」は、食べるのが好きだから入っている
●「経営者の会」は、新しい出会いがあるから入っている
●「主婦の会」は、新しい発見があるから入っている

こう考えていくと、**「好き」「発見」「出会い」がポイント**と言えます。これをあなたのお店や会社にも活かしてみてください。例えば、最近商店街の活性化で話題の「まちゼミ」なども、このひとつに入ります。

◉──岡崎市の「まちゼミ」の取り組みを見る

「まちゼミ」とは、愛知県の岡崎市からスタートした取り組みです。

「得する街のゼミナール」を略して〝まちゼミ〟。

岡崎市の中心市街地の商店街のお店が講師となり、**プロならではの専門的な知識や情報、コツを無料で受講者（お客様）にお伝えする少人数制（2〜7人）のゼミです**。お店やひとの存在・特徴を知っていただくと共に、お店（店主やスタッフ）とお客様のコミュニケーションの場から、信頼関係を築くことを目的としています。

『お客様』『お店』『地域』の〝三方よし〟活性化事業です。コミュニケーション事業です。

このように、まちゼミのホームページにはあります。僕自身、岡崎市の地域活性化のお手伝いをさせてもらったこともあるので、この取り組みのことはよく知っていますが、素晴らしい取り組みだと思います。
どんな講座があるかと言いますと、こんな感じです。

社名：キャンドルハウスＬｉｎｔｕ
講座名：ココットアロマキャンドル
説明：ココットにローズの香りのキャンドルを制作。上にはプリザーブドフラワーのあじさいとキラキララメで飾りつけ

社名：カウンセリングルーム杏
講座名：入園前に知っておきたいママ友つきあい講座
説明：入園してからでは遅い！　90％のお母さんが巻き込まれる人間関係のトラブルを未然に防ぐ方法

社名：したくや縁
講座名：聞いてみよう見てみよう納棺師のおシゴト
説明：納棺師の体験談を聞き、その後実際にお棺に入り今の自分を見つめてみよう。

人生観が変わる体験です。

本当に、多種多様な講座が町中に溢れかえっているのです。

「まちゼミ」詳しくはコチラを。http://machizemi.org/

プロが教えてくれるので「発見」があります。そして興味のある講座を受けられるので「好き」にも入ってきますし、その中で新しい「出会い」もある可能性だってあります。

今までのように買って入ってもらう会員制は囲い込みです。お客様＝消費者は決して囲い込みをされたいわけではありません。だからこそ、**「好き」「発見」「出会い」をキーワードに、つながりを意識したコミュニティを創っていく**ことが必要になってくるのです。

買ってもらって入ってもらうコミュニティではなく、買ってもらう前から「つながり」を創り出すコミュニティを「まちゼミ」を参考に考えてみてください。

3 所属の欲求を一番活用しているのはＳＮＳ

●――ＳＮＳをビジネスツールとして活用しよう

「所属の欲求」に一番応えているのはFacebookやTwitter、InstagramなどのＳＮＳではないでしょうか。ＳＮＳの盛り上がりを見ると、まだまだ所属と愛の欲求が多いんだなと感じるのです。もしくは、ＳＮＳがこの欲求を呼び戻したとも言えます。

「だったら、ＳＮＳを活用すればいいんでしょ」

そんな声も聞こえてきそうですが、僕はそう単純には考えていません。**ＳＮＳを否定しているのではなく、商売に効果的に利用することを考えたい。**

これだけＳＮＳが流行っていますから、そこら中で「ＳＮＳ活用セミナー」や「ＳＮＳ

使いこなしセミナー」をやっていますし、それ以上に「SNSをやらない会社はつぶれる!」とまで言い切っている方もいます。

確かに**SNSは活用価値のあるツールですが、商売のツールとして活用するとなると、漫然とやっているだけでは効果はありません。**

例えば、1995年にウインドウズ95が出てパソコンが身近になり、ネット回線が発達するにつれ、利用者が飛躍的に伸びた。このとき、多くの会社がまだホームページを持っていなかったのが、今ではどの会社も持っています。

でも、ホームページを持てば商売が変わったのか、というとそうではありません。やはり**商売の本質を忘れずに、うまくツールとして活用することが大切**です。そして商売の本質は、ネットやホームページが一般化しても変わっていないのです。

◉──お客様に対する思いや考えを形にして届けよう

では商売の本質とは何か。

それは、「お客様に対する思いを形にして届けること」です。そういう意味では、商売の基本をベースにいかに活用していくかが大切。そして、もちろん活用しないより、活用したほうがいいのも事実なのです。

そう考えると**SNSは「現実でつくったお客様とのつながりを補完する」ことで活用するのが一番いい**。リアルでつくったつながりが拡散し、新しい人を連れてくるのです。

具体的に言うと、例えば先ほど紹介した「まちゼミ」です。自分ができる講座を開き、お客様が集まってくれました。講座は大好評で「勉強になった」「ためになった」と言われています。そして「また今度も参加したい」とも。

でも、次回の開催は少し先になります。この間をSNSでフォローしておいて、講座と講座の間も、役立つ情報を発信していくのです。

そうすれば、**「ひとりじゃない」を感じてもらえます**。一人ひとり電話したり訪問するわけにはいきませんが、SNSで情報発信をしていくことで「ひとりじゃない」と感じてもらうことは可能なのです。そういう意味では、素晴らしいツールだと感じています。

●──所属と愛の欲求を持っているお客様のことを考えてみよう

具体的なアプローチ方法を考える前に、まずは所属と愛の欲求を持っているお客様のことを考えてみましょう。

今回は、表の真ん中に「所属と愛を求める人」と書きます。どこかに属したい、孤独でいたくないというようなことを求める人って、どんな人だろう……。これを頭の中にイメージしてください。**答えを求めるというよりも考えてみることが大切です。**

書き方は、これまでと同じです。その人は、どんな姿をしているでしょうか？　どんな顔？　どんな目つき？　だんだんイメージできてきたら、その人が感じている「不安・不満・不便」を左上に書き出してみてください。

次は、興味のあるコトや関心ごとを右上に。書き上げた2つの項目を頭の中に思い浮かべながら、ではその人は、具体的に「どんなコトバをよく言ってるだろうか」と考えて、それを左下に。そして「どんなコトバをかけて欲しいんだろうか」と考えてみて、それを右下に書いてみましょう。

例えばこんな感じです。

「所属と愛を求める人」を考える

所属と愛を求める人

不安、不満、不便	興味、関心
・ひとりじゃないだろうか？ ・売り込みじゃないか？ ・周りと同じじゃないか？ ・大切にしてくれるか？	・人の声 ・人の楽しい集まり ・発見、出会い　・にぎやかさ
よく言うコトバ	**どんなコトバをかけて欲しいか**
・みんな買ってるの？ ・みんな使ってるの？ ・「正しい」より「楽しい」 ・楽しいが一番	・一緒に　・共に ・みんなで　・楽しく ・好き

第１段階、第２段階と同じように、
お客様のことを見て、考える

●不安・不満・不便

ひとりじゃないだろうか、売り込みじゃないか、周りと同じじゃないのか、大切にしてくれるか

●興味・関心

人の声、人の集まり、好き・発見・出会い、にぎやか、楽しい集まり

●よく言うコトバ

みんな買ってるの？　みんな使ってるの？「正しい」より「楽しい」、楽しいが一番

●どんなコトバをかけて欲しいか

一緒に、共に、みんなで、楽しく、好き

こうして、人をイメージすると、**この人にはどんなことをしてあげたら喜んでもらえるか、楽しんでもらえるか……が分かりやすくなるはず**です。だからこそ、まず行動する前には「伝えたい人」を明確にすることが大切です。

4 具体的アプローチ法――コミュニティをつくる

◉――お客様の「お手伝い」をする、と考える

では、人がイメージできたところで、具体的な行動を考えてみましょう。

先ほど紹介した「まちゼミ」が大きなヒントになると思うのですが、一度こう考えてみて欲しいのです。

●購入する目的以外で、お店に集まってもらうことはできないだろうか？
●商売のプロとして、役立つ情報を伝える場を持てないだろうか？

この段階の消費者は、モノが欲しいというのではなく、所属することで心を満たしたい

と考えています。

●そこでできるコトって何なのか？
●モノを売るのが仕事じゃなくて、どうしてお役に立てるのか？
●どんなコトができるのか？

こういうふうに考えてみてもらいたいのです。ここから先の欲求に応えていくためにも、大きなポイントになります。

「一度売り手の立場を離れて、お客様の何のお手伝いをしているのか？」

こちらを、具体的に考えてみるのです。
あなたは、お客さまの何のお手伝いをしていますか？

例えば、こんな感じです。

洋服の販売ではなく、お客様の5歳若返りのお手伝い
化粧品の販売ではなく、お客様の印象を良くするお手伝い
写真館の営業ではなく、家族の幸せを形に残すお手伝い
歯医者の営業ではなく、子供の未来を創造するお手伝い

そうすると、お伝えできる情報が見えてくるはずです。

洋服屋さんだと「着こなしで5歳若返り講座」
化粧品屋さんだと「化粧でなりたい自分になる講座」
写真館さんだと「幸せを感じる家族写真を写す7つのポイント講座」
歯医者さんだと「丈夫な体になるための〝5歳〟の歯磨き講座」

ね、プロとしての情報発信が見えてきませんか?
最初は少人数でいいので、**人が人を呼んでもらえるように「役立つ内容」を発信して、コミュニティを創っていってください。**

売り手の立場からではなく、
お客様の
何のお手伝いをしているかを
具体的に考えてみよう。
そうすればお客様も見えてくる。

●自分たちのお客様は誰？
●その人は、どんなコトに興味があるの？
●その人は、どんな「不（不安・不満・不便など）」を持ってるの？

そうすることで、**「自分たちは、お客様の興味のあることをどうしたら深めるお手伝いができるだろうか？」**、**または、「お客様の不安なことを、どうしたら解消できるお手伝いができるだろうか？」**と考えてみて欲しいのです。

人は興味のあることに反応し、楽しんでいるところに集まります。自分の言いたいことではなく、相手の知りたいことを基本に、あなたのできるコトを考えてみてください。

なかなか頭で考えても思いつかない場合は、お客様との接点にヒントがあります。

何気なしに、お客様と話している中で、お客様から「もっと聞かせて」とか、「それ勉強になった」なんて言ってもらったことを記録しておくのです。

例えば、こんな感じです。

化粧品店に常連のお客様が来られ、世間話をしていたとします。

お客様「そうそう、実は転職しようと思って」
店主「えっ、転職ですか？」
お客様「そうなの、今までずっとアパレルに勤めてたんだけど、少し堅いところに変えようかと思って」
店主「堅いところというと、銀行とか？」
お客様「そんな感じ。畑違いだけどチャレンジしようか、と。面接が近づいてきてるのよ」
店主「面接は緊張しますね。何か心配事でもあるんですか？」
お客様「実はね、これまでの化粧だと面接に派手すぎないかな？　と思ってて」
店主「だったら、落ち着いてしっかりして見えるようにしたらどうですか？」
お客様「そんなのできるの？」
店主「もちろんです！　だって、それがメイクのいいところですから！」
お客様「どうやってやるの？　教えて!!」

どうです？　他愛もない話が、「落ち着いて見える」というキーワードから急に前のめりになってきてるでしょ。普段なら世間話で終わるところを、「あ、いま興味を持った！」「前のめりになった！」と記録しておくのです。

そして記録したメモを見直してみるのです。

「そうか！　こんな話に興味があったのか!!」と発見できることがいっぱいあるはずです。

そんなところからヒントを掴《つか》んで、購入していただく前からいろいろな役立つ情報を発信して集まってもらう。そんなコミュニティづくりを考えてみるのです。

●──コミュニティづくりのポイントは？

コミュニティづくりのポイントは3つあります。

①売り買い以外の場づくり……売り買い以外の楽しく参加できる「場」をつくる
②コミュニケーション……コミュニケーションとは分かち合うこと。お客様を知り、コミュニケーションをとりながら、自分たちをどれだけ知ってもらえるかどうか
③一緒に楽しむ……巻き込んで楽しんでいくという意識

飲食店などは、来ていただいているお客様と定期的にイベントなどもいいですね。例えば、大阪の「たこ梅」という関東煮のお店では、各店で工夫を凝らしたイベントを開催しています。

- 高校野球予想クイズ
- すごろく大会
- ビール工場見学ツアー
- 酒蔵見学ツアー
- 関東煮総選挙

おいしいだけの飲食店と、おいしいだけじゃない「一緒に楽しめる飲食店」と、どちらが所属と愛の欲求を満たしていると思いますか？　答えは明らかです。

この時点で、お客様の求めているのはモノやサービスだけではないのです。**商品やサービスは、良いのは当たり前。さらにどんな「プラスアルファ」ができるかが重要になってくる。**そのひとつとして「コミュニティづくり」を一度考えてみてください。

5 お客様の声を、どう活用するか？

◉お客様の心を豊かにすることを考える

もうひとつ「みんな買っているよ！」に対しても、具体的なアプローチを考えてみましょう。方法としては、**お客様の声をいただくのです**。

もし売り手側から「みんな買ってますよ！」と言われても、お客様には「ホントなの？」「そう言ってるだけじゃないの？」という思いも生まれてきます。信憑性がない。

だから具体的に「お声」をいただくのです。これを活用することで「みんなが自分と同じような悩み、不安を持っている。それを解決してくれる！」ということを具体的に感じていただくことができます。

もちろんお客様の声として単純に、

●買ってよかった！
●とってもおいしかった！
●満足です！

というのもいいのですが、もう一歩進んでみましょう。

改めて考えて欲しいのが、この段階の欲求が物質的欲求ではなく、精神的欲求だという点です。モノを求めているのではなく、精神的な豊かさ、心の豊かさを求めている。


「心を豊かにする」となると、非常に広く摑みどころのないように感じてしまいますが、もう少し具体的に考えてみましょう。**どうすれば心が豊かになるのでしょうか。**

大きく考えてみると、この2つに分類できるのではないでしょうか。

●興味や関心ごとが、より深まったとき
「○○できたらいいな」とか「□□したい」と思っていることのヒントが得られたり、前に進むきっかけができたときって、「やったあ！」「よし！」って感じになり、心が躍るような感じになります。

●不安や不満、不便に感じていることが解消できたとき

「○○だからどうしよう」「□□がイヤだなあ」と思っていることが、解消できるヒントがあったり、解決の答えが見つかったりすると「良かったあ」「ホッとした」という気持ちになります。マイナス面がゼロになったときも、心が軽くなりますよね。

こういう人の中にある、**興味あるコトを深めたり、〝不〟を感じているコトを解消するお手伝いをすることで、心を豊かにするお手伝いができる**のです。実は、これは僕がずっと続けているコトマーケティングの基本的な考え方でもあります。

マズローの考え方で言うと、はっきり言って第2段階までは「モノ」への欲求です。ここではコトマーケティングの考え方は、あまり重要ではない。でもこの第3段階あたりから、コトマーケティングとの接点が生まれてくるんです。

お客様はモノそのものを欲しいわけじゃない。自分の興味あるコトを深めてくれたり、〝不〟を感じているコトを解消してくれたりする、そんな「コト」を求めているのです。だからこそ、そこにアプローチしていくことが大切であり、その手法として「コトマーケ

ティング」を提供し、クライアント様と一緒に実践を繰り返してきました。

◉――コトマーケティングの基本的な考えは？

「モノからコトへ――」そう言われるようになって、随分たちます。しかし、「コトマーケティング」をズバリ言いあらわす言葉は、意外と見当たりません。それはズバリ――、

●誰に、どんなコトができるのか？
●それは、どうしてできるのか？

です。お客様にアンケートを実施するときも、こう問いかけて欲しいのです。

●どんないいコトがありましたか？
●どんな変化がありましたか？
●喜びの声をお聞かせください！

このアンケートのつくり方は『売り方の神髄』（すばる舎）で具体的に紹介しましたが、

ここにも簡単に書いておきます。

コトアンケートは、４部構成になっています。

①　キャッチコピー
②　個人の名前を出す
③　自分がもらって嬉しかった声
④「よかったコト」「変化のあったコト」「喜びの声」をお願いする

これを、順番に解説していきます。

①　キャッチコピー

アンケートにおいてもキャッチコピーは大切です。目に留まること、とって欲しい行動を明確にするコピーをここに書きます。小さく「アンケートのお願い」なんて書いてると目にも留まりませんからね。ここでは、「喜びの声を聞かせてください」「よかったこと、変化があったことを聞かせてください」などがいいですね。

② 個人の名前を出す

次に、挨拶と、誰がこのアンケートを作成しているのかを書いてください。

「こんにちは。○○商店の□□です」

「いつもありがとうございます！　○○株式会社の□□です」

といった感じです。

このとき会社としてアンケートをお願いするのではなく、会社のスタッフ、つまり「人」からお客様という「人」にお願いをするのです。何百人、何千人にアンケートをとっても、最後書いてくれる人は「ひとりの人」です。だからこそ、こちらも「人」を出すことが大切です。

これが一番のポイントです。

アンケートを書くほうの気持ちになると分かるのですが、○○株式会社から聞かれるよりも、自分の営業担当から聞かれるほうが身近に感じるし、いつも接している「人」が見えたほうが安心して書けます。

できたらメッセージの横に写真をつけるとより効果的です。

③　自分がもらって嬉しかった声

次は、自分がもらって嬉しかった声を書いてください。

書く立場からすると、いざ書こうと思ってもどんなことを書いたらいいのかな、って悩んでしまうと「また今度でイイか」という感じになってしまいがちです。書こうと思ってもらったら、すぐに書いてもらえるようにひとつの事例として、自分がお客様からもらって嬉しかった声を書いてみてくださいね。

④「よかったコト」「変化のあったコト」「喜びの声」をお願いする

さて最後です。ここで書いてもらうのは一番聞き出したいことです。

率直に、書きましょう。

「私たちの商品やサービスを通して、よかったコト、変化のあったコト、喜びの声を聞かせてください！」

「うちに通って、よかったコト、変化のあったコト、喜びの声をお願いします！」

コトアンケートの例（ヤマモトスポーツ）

あなたの「喜びの声」を聞かせて下さい

これにちは。ヤマモトスポーツの二代目社長の山本です。

日頃は皆さんのグローブの型付や修理作業をやっています。

時には作業が重なり朝方まで行うこともあります。

でも、型付けしたグローブをはめて「わっ！すごい柔らかい！」「手にフィットする！」

修理したグローブを見て「きれいに直った！」「修理してくれてありがとう！」などの
「喜びの声」を聞くと、さらに作業にも熱が入ります（笑）

そこでぜひ、グローブの型付け、修理をしたあなたの「喜びの声」をお聞かせ下さい。

皆様の声が作業の「エネルギー」やスタッフの「元気の源」にしたいと思います。

スタッフへの応援メッセージも歓迎！　ご協力よろしくお願いします！

手書きで思いを伝えている

「喜びの声」をお聞かせ下さい！

お名前 or ニックネーム

所属チーム名 or 学校名

ご記入後はスタッフに預けるか、FAX（0532-41-6368）にてお願いします。

こうしてメッセージを発信して、お客様の言葉を文字でフリーに書いてもらうのです。このコトアンケートを、所属と愛の欲求を持っているお客様に具体的に活用する方法として、ベストセラー『血流がすべて解決する』（サンマーク出版）で有名な堀江昭佳さんのお店のケースを見てみましょう。

初めての商品というのは、なかなか使いづらいものです。
失敗しないかな？　私だけ？　大丈夫かな？　そんな思いが込み上げてきます。
健康商品や美容商品なども、試したいけど初めての商品はやっぱり戸惑ってしまう。
そんなときに商品の前に、こんな看板が出ているのです。

> 初めての商品って、やっぱり不安ですよね？
> 悩んだら、ぜひお客様の声をどうぞ^^

そんなコピーの下に、直筆のお客様の声がいっぱい貼り付けてあるのです。

お客様の「声」いっぱいの看板

「飲みやすいので、続けていきます！」
「血圧も安定♪　自分に合っているようです」
「体調も良くなり、むくみも解消されました」
「長年の肩コリも楽になりました！」

そんな看板を見たら「あ、ひとりじゃないんだ」と同時に**「この商品って、こんなコトが体験できるんだ」「この商品は、こんな〝不〟を解決してくれる」**ということが伝わって、入店の後押しになること間違いなしです。ぜひ、コトアンケートを実施し、店頭看板をはじめ、チラシやホームページ、ブログなどでも活用してみてくださいね。

この段階では「ひとりじゃない」という欲求を満たすこと。「みんなが同じように悩んでいる。それを解決してくれる」――と思ってもらうのがポイントです。

そして、ここからあとの欲求では「よく分かってくれている」という承認の欲求を満たすことが大切になってきます。

第4章

「承認欲求」に合わせた売り方・ポイントは？

お客様の「欲しい」を分かってあげる（認めてあげる）ことで、
単なる「売り」ではないと感じてもらえる。
お客様を知るには、徹底的にお客様を見ること！

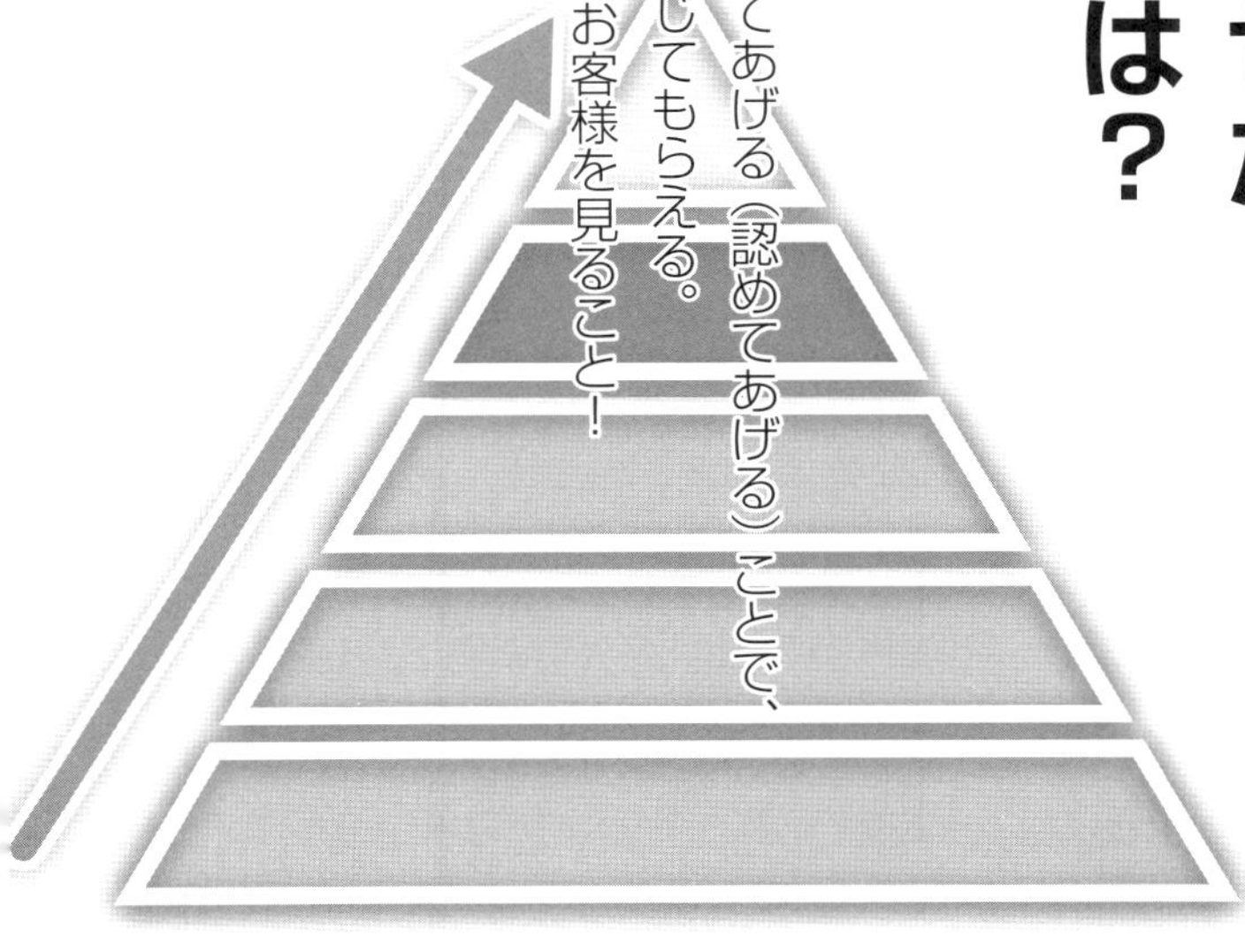

1 「認めて欲しい」という欲求に訴えかけるには？

◉──「一歩上へ」というのが承認の欲求でもある

さて、欲求も第4段階に進んできて「承認の欲求」に入ります。この第4の欲求──「承認欲求」とは、要するに「認めて欲しい」「分かって欲しい」という欲求のことです。「もう一歩上に」という、名声や地位への渇望でもあります。

承認して欲しい。分かって欲しい。よく見て欲しい。注目して欲しい。実は、これは消費を考える上では非常に大きなポイントなのです。

とはいえ、「注目して欲しい」という欲求と消費者心理は、どう関係しているか、今ひとつ分からないかも知れません。これは、売る側が消費者のことを「分かってくれている」という心理につながると僕は思っています。

今は「欲しいものがない時代」だと言われます。モノはひと通り揃っています。僕自身、洋服が好きで毎シーズン欲しいとは思いますが、かといって明日、明後日着ていく服はクローゼットの中に充分入っています。その状況や気持ちを分かった上で、どう消費につなげていくかを考える必要があります。

つまり、**「売り手がいかに買い手に寄り添えるか」がとても大切**なのです。

かといって、消費者に直接「何が欲しいですか？」と聞いても、正解は返ってきません。時代は進んでいるからと高級車のニーズを考えても、収入や地域によってはコンパクトカーや軽自動車のほうが人気のこともあります。

そこをさらに「見る」ことで「何を欲しがっているか」を探り出す。

◉──欲しがっているものは、お客様自身も分かっていないことがある

今、サラリーマンの家庭の状況はどうなのかな、と。大きな家に住むというより、マンションなどでコンパクトな住まいをされていて、モノを置くスペースもないので極力モノは減らしている。子供はスマホをずっと見ていてテレビはあまり見ない。

そんな中でテレビの立ち位置は、「邪魔にならない・手軽・コストをかけない」こんなキーワードが見えてきます。となると、どんな商品をつくるかが明確になってくる。お客様のことをよく「見て」、そして「考えて」ください。

「言わないのに、よく分かってくれているな」

こんな状況をつくり出すことができるかどうか、これがお客様の承認欲求にアピールするのです。その「承認欲求」をどう満たすか——がキーワードにもなってきます。

「そうそう！　こんなの欲しかったんだよ！」

そんなこと、ありませんか。ソレです！　また、**「あの人は、私のことをよく分かってくれているから」と保険などの契約をしたことはありませんか**。人が持っているこの「分かって欲しい」「認めて欲しい」という欲求は、かなり強いのだと感じます。

改めて「承認の欲求」を説明すると、こうなります。

◆承認（尊重）の欲求（Esteem needs）

集団から価値ある存在と認められ、尊重されることを求める欲求のこと。尊重のレベルには2つあり、低いレベルの尊重欲求は、他者からの尊敬、地位への渇望、名声、利権、注目などを得ることによって満たされる。マズローは、この低い尊重のレベルにとどまり続けることは危険だとしている。

高いレベルの尊重欲求は、自己尊重感、技術や能力の習得、自立性などを得ることで満たされる。他人からの評価よりも、自分自身の評価が重視されるのである。そのためこの欲求が妨げられると、劣等感や無力感などが生じる。

このように、承認の欲求は2段階に分かれています。

最初の承認欲求は「他者からの承認」、その後の承認欲求は「自己承認」です。消費欲求に置き換えると、**消費者から「あの人は、私のことをよく分かってくれている」と感じてもらえるようにするのが「他者承認へのアプローチ」**。**消費者が自分自身で「自己承認」をするとき、お手伝いやサポートをしていくのが自己承認へのアプローチ**です。

後者は次の欲求（第5章　自己実現の欲求）にもつながって行きますので、この章では前者を中心に詳しくお伝えしていきますね。

2
「よく分かってくれている」と感じてもらう！

◉売り手がお客様のことを「分かってあげる」には？

マズローの考え方で言うなら、例えば軽自動車ではなく普通車。普通車でもカローラではなくベンツやレクサス。飛行機でもエコノミークラスではなくファーストクラス。

「価値ある存在と認めて欲しい」

もっと別の見方をすると「ワンランク上に行きたい」といった気持ち……。

承認の欲求は、そういう気持ちとも言えますね。

繰り返しますが、承認の欲求を満たすキーワードは「分かってくれている」です。この欲求は、「注目されたい」という気持ちでもありますから、「分かってくれている」という気持ちは大事です。

僕自身も、消費者として買い物をしますが、気づかされることが本当に多い。販売をする人や営業をする人と接しながら、「よく分かってくれているな」と感じることがあります。例えば、僕の知り合いの齊藤さんというアパレルショップの店長さんがいます。

（少し派手な柄のかっこいいジャケットを見ながら）

僕「このジャケットいいですよね」

齊藤「かっこいいですね」

僕「講演のときなんか、いいと思いませんか？」

齊藤「確かにかっこいいのですが、少し特徴があり過ぎるように思います」

僕「どういうこと？」

齊藤「あまり印象が強すぎると、あの服をまた着ている！ と思われたり、服の印象だけが強くなったりするので、松野さんにはあまりお勧めできません」

僕「なんで？」

齊藤「松野さんは松野さん自身が商品ですから、松野さんを引き立てる服がいいと思います。だから服があまり目立ちすぎるとダメなんです」

この会話、僕自身よりも「よく分かってくれている」でしょ。
僕は、ただ服がかっこいいかどうかを見ている。
齊藤さんは、僕と服の相性を見てくれている。
もっと言うと、僕が何のために服を買うのかをしっかり理解してくれているのです。

このように、**消費者も自分自身が本当に必要なことに気づいていないのです。だからこそ、消費者の真意に気づいていくこと、もしくは気づくようにアプローチをしていくこと**が必要になってくるのです。

◉――お客様のことを徹底的に見てみよう

「よく分かってくれている」と感じてもらうには、「人」を知ることが大切です。20代の女性、30代のサラリーマン……などという「括《くく》り」で見ていては、「人」は見えてきません。**頭の中で具体的に、その人がイメージできるくらいまで絞り込んでみる。**

こうして「人」を明確にしていくと、「その人がどんな興味や関心があるのか」「どんな〝不（不安や不満、不平など）〟を持っているのか」が見えてくるのです。

そうすると、どんなコトバを掛けるかが、おぼろげながらに見えてくるはずです。

例えば、新幹線に乗ると、途中でワゴン販売の人が来られます。「ワゴンサービスでございます。コーヒーやビールなどはいかがでしょうか」と声を掛けて歩いて来られるのですが、ちょっと「人」を考えてみて欲しいのです。

例えばグリーン車に乗っている人は、どんな興味や、どんな「不」を持っているのでしょうか。自由席に乗ってる人はどうだろう……と。

そうすると、掛けるコトバが変わってきませんか？

このように、お客様をきちんと見て、お客様に寄り添えるかどうかが大きなポイントです。**いかに売るかを考えていたのでは売れません。いかに「人」の役に立つのかを考えてみる。**そのためには「人」を知ること。興味、関心、不安、不満、不便を知ることです。

こう考えてみると、20代の女性の興味や関心は同じではありませんよね。30代のサラリーマンの不安や不満も同じではないことに気づくはずです。

「人」を見て、「人」にできるコトを考え行動する。

その行動こそが、承認の欲求を満たしていくことにつながるのです。

3 「お客様は何が欲しいか」を徹底して考える！

●――ユニバーサル・スタジオ・ジャパン（ＵＳＪ）に見る「お客様把握法」

このことを理解し、うまく変化していった企業はたくさんあります。大手企業では、自動車メーカーのマツダ、トラックの日野自動車や、プロ野球の横浜DeNAベイスターズもそうです。中でも、一番印象的だったのがユニバーサル・スタジオ・ジャパンです。

実は、ユニバーサル・スタジオ・ジャパンは、一時非常に苦しい経営状態でした。

「え～、ハリー・ポッターとかメチャクチャ流行ってるのに？」

と思われた方もいると思うのですが、以前はそうではなかったのです。

そもそも、ユニバーサル・スタジオ・ジャパンは「大人の遊園地」と呼ばれていました。

映画をメインにアトラクションをつくって集客をしていたのですが、小さな子供は映画自体に興味がない。また、多くのアトラクションが120センチ以下の身長の人は乗ることができませんでしたから「大人の」と言われていたのです。

でも、実際は大人のお客様だけでは経営は苦しい。

そこで老若男女に人気のあるアトラクションをつくろうということで「ハリー・ポッター」に白羽の矢が立ったのです。ところが、この総工費を見積もってみると、当時の年商以上の額になった。これでは、銀行もお金を貸してくれません。何とかアトラクションに頼らず自助努力で集客を増やしていく必要に迫られたのです。

でも、それまではアトラクションに頼って集客をしてきたので、そんなノウハウはどこにもない。多くの人に来て欲しいんだけど、どうしたらいいんだろう……と戸惑い、迷って行き着いたのが**「人」をきちんと知る・見る・聞く**ということでした。

誰に一番、喜んで欲しいのか？

誰に一番、来て欲しいのか？

こう問われると「いや、誰でもいいんです」「みんなに来て欲しいんです」と思ってしまいがちですが、**消費者は「誰でもいいから来て！」と言っても来てくれません。だからこそ、誰に来て欲しいのか、どうしたら、喜んでもらえるのか、を徹底的に考えた**のです。

どんな人がＵＳＪに来てくれているのかを、漠然とではなく具体的に考えるのです。

誰が、どんなトキに利用してくれているのか？
誰が、どんなコトで利用してくれているのか？

これを書き出してみるのです。

そうして、やっぱり来てもらいたいのが「20歳前後の女性のグループ」になりました。
だったら、その「人」は、どんなコトに関心があるのだろうか、を考えてみる。
すると、こんなコトにたどり着くのです。

●20歳前後の女性グループの興味や関心ごとは？
※みんなで盛り上がりたい、心霊体験、お化け屋敷、ウォーキング・デッドなど

誰がどんなトキに……と考えていく

誰がどんなトキに利用してくれているのか？
誰がどんなコトで利用してくれているのか？

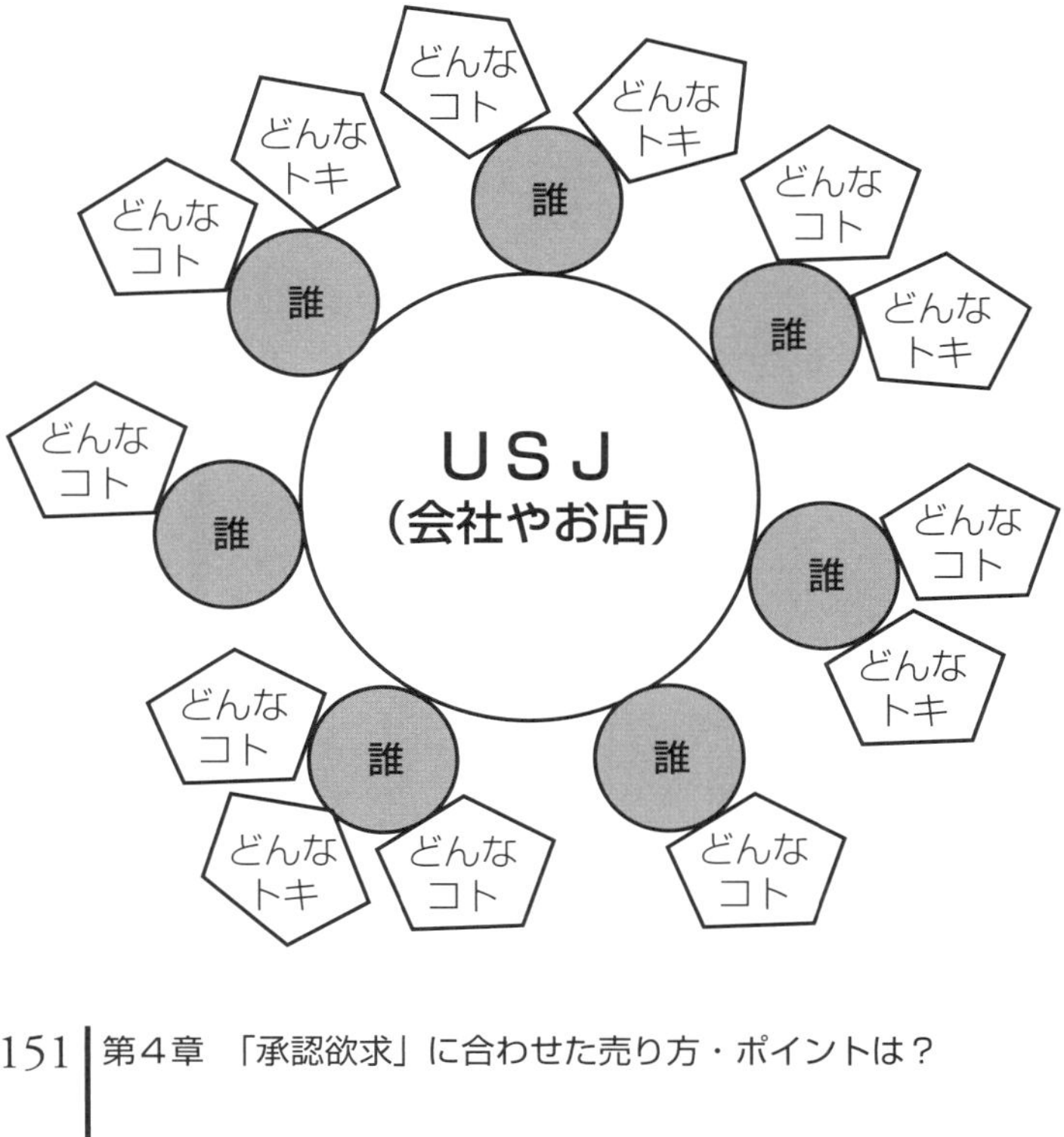

●20歳前後の女性グループの「不」は？
※アトラクションに乗るのに並ばないといけない、みんなで楽しみたい、共通体験、
ここでしかできないことなど

●――「誰に来て欲しいか」を明確にする

そして、自分たちの持っているものでできるコトって何だろうか……と考えた結果生まれたのが「ゾンビホラーナイト」です。20歳前後の女性が興味のあるコト、それに対して自分たちの持っているもの（人と場所）を使ってできるコトがこれだったのです。

これが見事に大ヒット！

その後、ゲーム好きやアニメ好きに絞って「モンスターハンター・ザ・リアル」や「進撃の巨人・ザ・リアル」などもヒットさせます。子供向けに「ユニバーサル・ワンダーランド」という場所をつくり、大きなアトラクションをつくることなく、それぞれの集客を伸ばしていった結果、売上げが伸び、ハリー・ポッターのアトラクションができ、さらに大ブレイクをして現在に至るのです。

誰にでも来て欲しいのではなく、誰に来て欲しいのか、を明確にしたとき、どんなコト

に興味があるのか、どんな「不」を持っているのかが見えてくるはずです。

この事例からも分かるように「分かってくれている！」の最初の一歩は、人を見て、「人」を知ることなのです。そうすることで「分かってくれている」は、つくり出すことができるということです。

と言うと「そんなこと分かってるよ！」「私もやってる！」と言われる方も多いと思います。でも、もしかしたら商品やサービス越しに「人」を見ていませんか？

●買ってもらうために、人を見ている
●買ってもらうために、アプローチする

のと、

●人を見て、できるコトを探す
●人に対して、役立つ情報を出し行動をするのとでは全く違うのです。

●——「売るために」ではなく、「人に役立つために」！

多くの場合、人を見ているようで見ていないケースが考えられます。消費者を「買い手」としてだけしか見ていない。自分との接点だけしか見ていないのです。

「買い手」「お客様」になってもらうために、まず「人」そのものに目を向ける。「人」に目を向けたときに、その人の中にあるコトが見えてくるのです。

コトとは、興味関心のあるコト、不安・不満・不便に感じているコトです。この「コト」に対して何ができるのか？　どんな商品が役に立つのか？　どんな情報が必要か？　どんなことを選んで伝えようか……？　というように、「人」に対してできるコトを考えていくことで行動は変わってきます。

売るためにではなく、人に役立つために——なのです。

売り手視点ではなく、買い手視点で行動していく。だって、お客様は売られたがっているわけじゃないんですから。その心理を分かってあげて欲しいのです。

「人の役に立つために」と考える

消費者は買い手である

↑

自分との接点でしか見ていない

まず「人」を見る

↓

その人の中にあるコトが見える

↓

そのコトに対して何ができるか
どんな商品が役に立つのか
どんな情報が必要か
どんなことを伝えればいいか

「売るため」ではなく、「役立つために」と、買い手の視点で見る

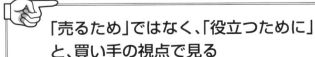

4
「コト売り」の最初のステップは？

●——商品やサービスの売り方ではなく、価値の伝え方が大事！

では、具体的なアプローチ法に入っていきたいと思います。ここでは、僕が10年以上続けてきた「コト売り」「コトマーケティング」というのを活用してください。しかもその「コト売り」のファーストステップが非常に効果的です。

「モノ」ではなく「コト」。

もう誰もが分かっているつもりのコトバです。けれども、具体的にとなると答えられない。要するに、**人に「モノ」を売るのではなく、人の中にある「コト」に役立つ**。これを僕自身15年間１４００社の方々と一緒に実践を繰り返してきました。ここで大切なのは

「モノ売り」の視点から「コト売り」の視点になっていくこと。これができると、この「承認の欲求」を満たしていける可能性が高くなります。

「モノ」ではなくて「コト」に視点を向けることで何をするか。

まずは「価値の伝え方」だと思ってください。あなたの持っている素晴らしい商品やサービスの価値の伝え方です。

今、モノがあり余っています。競合他社も同じような商品やサービスを扱っている。モノやスペックを伝えても、なかなか価値が伝わりません。

◉——「コト」を伝える具体的なやり方

モノ余りの時代に、いくら商品や、商品の成分、スペック（商品仕様）などを伝えても、価値は伝わりません。伝えれば伝えるほど、消費者は分からなくなり、迷う。だって、同じように見えてしまうのですから。

そして、最後には「同じだったら、安いものでイイか」というように、価格で選んでしまうのです。そんなモノ余りの時代に、価値を伝えるための視点が「コト」なのです。

「モノ」を伝えるのではなく、「コト」を伝える。

その商品は、お客様にとって、どんないいコトがあるのか？

そのサービスは、お客様の、どんなコトに役立つのか？

この「コト」について、きちんと考え伝えていくのです。

「湿布薬のニオイがしないので仕事中でも大丈夫！」

「とにかく明日までに少しでも痛みを和らげたい方に」

「スポーツ選手に多く愛用されています！　スポーツでの痛みに」

「CMやチラシをやっていない商品が実は優れものです」

などなど、こんなコトが書いてあるほうが、選びやすくありませんか？

こんな感じで、価値を伝えていくためには「モノ」から「コト」へ伝え方を変えていく

「コト」を伝えるには、
そのコトはお客様のどんなことに
役立つかを
徹底して考えるのがポイント！

ことで、相手の反応が驚くほど大きく変わってきます。

こんなに大きく反応が変わるのに、大きな設備投資は全く必要ありません。あなたの頭の中にある「伝え方」の視点を変えるだけということです。

実は「売る」ことを考えると、正直なところ誰にでもいいし、とにかく売りたい気持ちが強くなります。しかし「伝える」ことを考えると、「伝える」には必ず相手がいます。

「伝える相手が誰か」をしっかり考えないといけません。だからこそ、伝えるときの基本シナリオはこうなります。

- **誰に（伝える相手を絞り込む）**
- **何を伝えて（知りたい情報を伝える）**
- **どういう行動をとって欲しいのか（購入、来店、問い合わせ、資料請求など）**

このように「誰に」から始まるシナリオを、まずは描いてみるのです。一度具体的に考えてみましょう。

◉——「誰に」から始まるシナリオを考える

例えば、3月や4月なら歓送迎会のシーズンです。飲食店の多くが歓送迎会用にプランを考えて、チラシやインターネットで広告を出して伝えようとしています。

ちなみに、Google（グーグル）で「歓送迎会　チラシ」と画像検索をしてみてください。出てくるどのチラシも「歓送迎会プラン」と大きく書かれて、食事内容や価格が書かれています。どれも、同じように見えませんか？　みんな「歓送迎会プラン」という商品（モノ）を売ろうとしているからです。

でも、考えてみてください。

歓送迎会プランのことを伝えたい人って誰ですか？　もっと言うと、歓送迎会の場所を決める人って誰ですか？　そうなんです、幹事さんです。

だったら、幹事さんはどんなコトに興味がありますか？　どんな「不」を持っておられますか？　少し想像してみてください。あなたが突然上司から「君、今度の歓送迎会の幹事をやってくれ」なんて言われたときのことを。

歓送迎会チラシ（悪い例）

値段と料理内容ばかりで、どこも変わり映えしない。
誰にどんな「コト」ができるか、伝わってない

「うわぁ〜幹事か〜。面倒くさいなぁ」

「でも、あいつが幹事だとつまらない、なんて思われたくもないし」


なんてコトが思い浮かびませんか？

この場合は、どちらかというと幹事さんは「不」＝不安や不満、不便を感じているのではないかと想像できます。どんな場所を選べばいいんだろう？　どんな料理がみんな好きなんだろう？　若い女性もいるし、年配の上司もいるのに、みんなを喜ばせるためにはどうしたらいいんだろうか？

こんな状態の幹事さんのために、できるコトを考えつつ伝える内容を選んでいくのです。

●誰に……困っている幹事さんへ
●何を伝えて……デキる幹事になるための情報とお店のできるコト
●行動……予約やお問い合わせをして欲しい

そこで出来上がったのがコチラです。

歓送迎会の幹事を任せられたあなたへ!

今からでも間に合う!

デキる幹事の心得3ヶ条!!

宴会コンシェルジュ加藤です!

宴会のことならお任せください!

もうすぐ歓送迎会のシーズン到来です!

こんにちは!「四季彩食みどり」宴会コンシェルジュの加藤です!

これからの時期は、幹事役に悩まされている方も多いのでは?

心に残る会にするのは幹事さんの腕次第!

「幹事苦手だけど頼まれた…」「良いお店選びしなきゃ…」とお考えの方のために、歓送迎会を成功させる「デキる幹事の心得3カ条」をお伝えいたします。

デキる幹事だけが知っている
歓送迎会成功の心得3ヶ条
其の1.

本当に「喜ばれる料理」を選択すべし!

歓送迎会に参加するみんなから本当に喜ばれる料理をあなたは知っていますか?

其の2.

一目置かれる存在は「3配り」を忘れず!

みんなから一目置かれる存在になるには3つの配りがとても大切! でも幹事一人では大変!

其の3.

居心地良すぎるくらいがちょうどよい!

料理やお酒が美味しいのはもちろん、居心地がいい場所を選ぶのもデキる幹事さんの役目!

その理由は裏面をチェック!

「四季彩食みどり」は幹事のあなたをデキる幹事にします!

四季彩食 みどり
(ホテルミドリいわき植田内)

〒974-8261 福島県いわき市植田町中央1丁目6-9
詳しい情報は ホテルミドリ 検索
ツイッター&フェイスブックで最新情報発信中!

JR植田駅より徒歩3分、いわき勿来ICより車で8分! 駐車場有45台

幹事の役に立つようにつくったチラシ

「デキる幹事の心得3ヶ条!!」

と大きくキャッチコピーがあり、担当者の顔を出し、たくさんの歓送迎会の幹事さんをサポートしてきた経験から3つの心得を伝えると同時に、裏面には自分たちのお店のできるコトが書かれています。

●幹事の方に、どんなコトができるのか?

●それが、どうしてできるのか?

この2つが明確になっています。

こうやってみると、全く違いませんか? そして、あなたが幹事だったら、どちらのチラシを見たときに「分かってくれているな」と感じますか?

答えは明確ですね。

◉──伝えたい人が困っていることを考える

「伝える」ことを考えると、やはり誰にでも伝えるのはむずかしい。だからこそ「誰に」から**スタートしていくのです。「誰に」が明確になると、その人がどんな興味があるの**

か？　どんな「不」があるのかが見えてきます。

そうすると、「不」のある人には、「不」を解消できる情報を伝える。「興味のある人に、興味のあるコトを伝える」というふうに考えてください。

こうして「人」から考え「伝える」トレーニングをしていくのです。これはトレーニングなので、繰り返し、繰り返しやっていくことが大切なのと、いくら頭の中で考えても「正解」は出てきません。人の反応＝お客様の反応こそが唯一の答えなのです。反応してもらった、ということは「よく分かってくれているなと感じてもらった」ということです。

つまり、**チラシやDM、POPや看板、ホームページやブログなど「販促」と言われるものは、決して売るためではなく「価値を伝えるため」**だと考えてみてください。そして伝え方を考える上で、常に「人」に興味を持つ。

人を知る、人を見る、可能ならば人に聞くということが大切です。

そういう意味では、人との接点にたくさんのヒントが隠れていることもあります。お客様と直接接点のある店頭や営業先で、こんなコトにアンテナを立てて、記録しておいてみることもおススメしています。

●お客様から、聞かれたこと
※お客様から店頭や営業先で直接聞かれたこと
●お客様からの問い合わせ
※お客様から電話やメールなどで間接的に聞かれたこと
●お客様との会話で、お客様が前のめりになられた話
※会話の中で「勉強になった」「初めて聞いた」などと言われたこと

こういったことの中に「人の知りたいコト」のヒントが隠れています。

もちろん「何が知りたいですか？」と聞いてもホントに知りたいことは返ってきませんが、これらのポイントにアンテナを張っておくとヒントが見つかる可能性が高いのです。

だって、お客様から聞かれることって、「知りたいけど、まだ伝わっていないコト」でも

あるからです。

◉――SNSやAIが「消費」を変えるわけではない

「消費の変化」とは、「人の心の変化」でもあります。

SNSが台頭して、AIの脅威などと言いますが、SNSやAIが消費を変えるわけではありません。SNSやAIにより人の心が変化し、結果的に消費が変わるのです。

だからこそ、**人をきちんと見ること、人を起点にシナリオを描くことが大切になる**のです。近年、メーカーが直販をして、消費者と直接つながりたいと思う大きな理由のひとつがここにあるのです。

5 当たり前の「コト売り」ではお客様は振り向かない

●――コト売りは体験販売ではない！

プロローグで「コト消費」の誤解について書きました（P41参照）。
「コト売り」を考えるとき、「コト＝体験商品を売る」と考えがちです。

コト消費とは体験消費ではなく、「お客様の心を豊かにするコト」の消費なのです。

人の興味・関心のあるコト
人の不安に感じてるコト
人の不便に思ってるコト

これは、人それぞれ違います。

例えば日本への外国人観光客でも「人」によって違う。きちんと見て、知ることで、その人の求めているコトが見えてくるはずです。求めているコトが見えてきたら、それに対して、どんな商品やサービス、そして付加価値が付けられるかを考えて情報発信していく。

◉「欲しがってるコト＝提供できるコト」をマッチングさせる

そう、「コト」は先ほどからお伝えしている通り、人の中にあるのです。

その人の中にあるコトを、深めたり、解決したりするお手伝いをすることで「コト消費」につながるのです。

人の興味のあるコトを、深めるお手伝い
人の関心があるコトを、探究するためのお手伝い
人の不安なコトを、解消するお手伝い
人の不便なコトを、解決するお手伝い

といった感じです。

6 「所属と愛の欲求」と「承認の欲求」は、一緒に考えると分かりやすい

◉――「どんなコト」を求めているかは、「人」を基準に考える！

第1の生理的欲求と第2の安全の欲求を一緒に考えていくことで分かりやすくなったように、第3の欲求「所属と愛の欲求」と第4の欲求「承認の欲求」の2つも一緒に考えると、共通項が見えてきて分かりやすくなります。

それは、**2つとも精神的な欠乏欲求に分類される点です。物質的な欲求から精神的な欲求へ、なおかつ何か足りないものを誰かに満たして欲しいと思っている**のです。

消費者はモノを求めているのではなく「心の豊かさ」を求めている。これは何度も繰り返したことです。これからもどんどん「心の豊かさ」を求める時代になっていくでしょう。

このような時代は、**人を基準に考える「コト視点」が有効になります。**

この「コト視点」を得ていくことで、これからどんどん変化する消費にも対応することが可能にもなるのです。

◉――人を起点に考える「コト視点」とは？

これは「手法」ではなく「視点」と捉えてください。テクニックではなく、物事の見方や考え方です。この視点を得るためのファーストステップが「価値の伝え方」なのです。

- **誰に**
- **何を伝えて**
- **どういう行動をとって欲しいのか**

という基本シナリオと、「誰の何のお手伝いをしているのか」という立ち位置を、伝えるたびに見直してみてください。そうすることでシナリオの最初にある「誰に」＝「人」にどんどん目が向いてきます。やればやるほど、結局伝えるためには、この「人」を知ることが一番大切になるのを実感していくからです。

だって**「人」を知らないと、伝えるコトはできない**のですから。

これは、大企業から中小・零細企業にまで共通する課題です。

中小・零細企業は、現場で実践しながらこの視点を得ていくスピードに長けています。少人数のほうが実感して共有しやすいですからね。その反面、大企業は大人数なので浸透までに時間がかかりますが、浸透していくと総合力として大きなパワーを生み出します。

こうして「人」に目を向けて、「人」を知り、「人」が「人」にできることを考え行動していく。これからどんどんＡＩが発達してきて、かえって「人」のできるコトが問われる時代になっていきます。

人にしかできないこと――。

これが、これからの商売にとっても大切なことは言うまでもありません。

第5章

「自己実現の欲求」に合わせた売り方・ポイントは？

お客様に〝満足感〟を持ってもらうには、
お客様に「何が与えられるか。できるか」を考える。

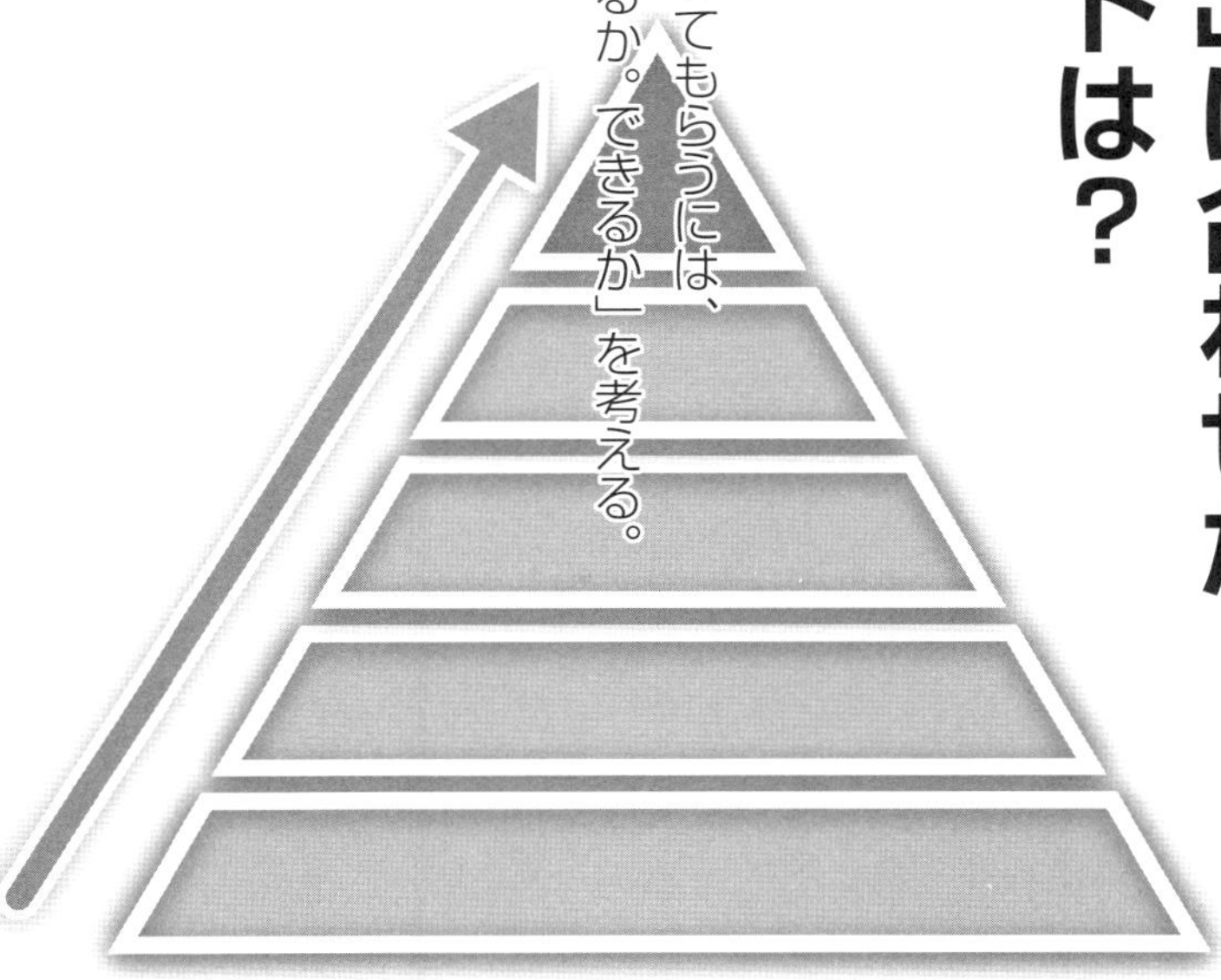

1「お客様に何かしてあげたい！」という気持ちに！

◉──お客様に与える、という発想を！

さて、マズローの言う欲求も第5段階に入り「自己実現の欲求」です。「自己実現」を辞書で引いてみるとこのように記載されています。

① 自己が本来持っている真の絶対的な自我を完全に実現すること。普遍的、絶対的自我の実現が究極の目的であり、それに導く行為が正しい行為だとする。

② 自分の目的、理想の実現に向けて努力し、成し遂げること。

これを、どう理解するかで随分と変わってくるのですが、簡単に言いますと**「○○して欲しい」ではなく「○○してあげたい」というスタンス**です。自己実現の欲求は、これまでの欲求とは全く違ってきます。これまでは「求める」ものであり、売り手もそれに応えるのが基本スタンスでした。

しかし、第5段階はここに「与える」要素が入ってくるのです。

消費者が自分自身で「自己承認」をして「自己実現」を求めるときに、売り手は何かお手伝いやサポートできないか……これを考えてください。

52ページでも書いたように、第4段階までは「恐れからの欲求」でした。何かに恐れ、それを解決しようと思う——。

しかしこの第5段階は、言うなれば「愛からの欲求」になります。

愛——つまり「与える」です。**「相手から何かをしてもらいたいのではなく、自分がどうしたいのか」なのです。**この点を理解した上で、この欲求はどのような消費行動につながるのか、売り手は何をすべきか、を考えていかねばなりません。

◉——自己実現の欲求と消費・販売行動

ただ、ここで参考にしたいのは、第4の欲求である「承認欲求」の後半部分です。

143ページで次のようなことを書いたのを思い出してください。

最初の承認欲求は「他者からの承認」、そしてその後の承認欲求は「自己承認」です。消費欲求に置き換えると、消費者から「あの人は、私のことをよく分かってくれている」と感じてもらえるようにするのが「他者承認へのアプローチ」。消費者が自分自身で「自己承認」をする上で、お手伝いやサポートしていくのが自己承認へのアプローチです。

消費者は自分をどう認識しているか――まずそこを知らないことには、どう売っていいか分かりません。何をお手伝いしていいかも分かりません。

当然のことながら、自己実現の欲求もはっきりしなくなります。

●――売り手も自分を見つめ直す

「自己実現の欲求」を、辞書などで見てみるとこうあります。

◆自己実現の欲求（Self-actualization needs）

これまでの４つの欲求がすべて満たされたとしても、人は自分に適していることをしていない限り、すぐに新しい不満が生じて落ち着かなくなってくる。自分の持つ能力や可能性を最大限発揮し、具現化して自分がなりたいものに――という欲求である。すべての行動の動機が、この欲求に帰結されるようになる。

この「自己実現の欲求」を消費欲求に置き換えてみます。

このときに大切なのは、今までのように「何かが足りないから満たしてあげる」ではありません。**消費者も自分の内側を向いているのだから、それに合わせて私たちも自分の内側と向き合う**べきなのです。つまり――、

●あなたはどんなコトをしていきたいですか？

●経営者ならば、あなたの会社は誰にどんなコトを提供していきたいですか？

――ということです。単純なようですが、これはものすごく大事なことです。この「振り返り」がポイントになります。

消費者の自己実現の欲求に、寄り添ったものになります。

第3段階ぐらいまでは、消費者に「なぜ安いか」「なぜ安全か」「なぜ売れているか」など訴える（伝える）ことがメインで、比較的シンプルです。しかし実際のところモノは満たされ、多くの消費者はこの「自己実現の欲求」で行動しています。

自己実現の欲求に訴えるには、「消費者に心から満足してもらおう」というスタンスが不可欠になってくるのです。

ここが重要なポイントです。

◉――消費者に喜んで、満足してもらう

自己実現の欲求レベルの消費者は、モノが欲しいのではありません。かといって、ありきたりのコトでもない。

人は一人ひとり違います。それぞれ、「こうしたい」「こうだったらいい」……と考えています。その〝欲求〟を見つけ出し、提供する。

そのためにはテクニックなどより、先ほども書いた、

あなたはどんなコトをしていきたいですか？

経営者ならば、あなたの会社は誰にどんなコトを提供していきたいですか？

ということを、売る側自ら、振り返る必要があると思います。

多くの場合は、なかなかひと言では言いあらわせないかもしれません。**「誰に何を提供したいか」と言われて即答できる人は、売り方に悩んでいません。**

スグになんてできなくてもいい。一度、こう考えてみて欲しいのです。

基本は、自分たちが今までやってきたコト。
それに、これからお客様にやっていきたいコトを合わせる。

この2つだけだと自分（自社）のことだけになるので、そこに加えて考えるのはお客様から望まれているコト、社会から求められているコトです。この3つの接点を見つけて、それを一度コトバにしてみて欲しいのです。

●あなたは、どんなコトをお客様に届けていきたいですか？
●あなたの会社は、どんなコトを社会に届けていきたいですか？

僕は、**まずは社会性や公共性というよりは、お客様との接点にポイントを置いてみることをおススメしています。**いきなり「社会に対して」と言われてもピンとこない場合もあると思います。

足りないので何かを欲しいと考えるのではなく、誰かに何かを届ける。

商売とは、ひとりで頑張っても、ひとりで嘆いても始まりません。お客様がいてくれて初めて成り立つもの。

だったら、まずはお客様との接点を考えてみましょう。

●誰に、どんなコトができるのか？
●それは、どうしてできるのか？

この2文が、今回もキーワードです。

前章でも、この2文は出てきましたが、あくまで「商品やサービスの価値の伝え方」を考えるときのものです。今回は、会社の価値について考えてみるのです。これが次のステ

自分たちの会社（店）について考える

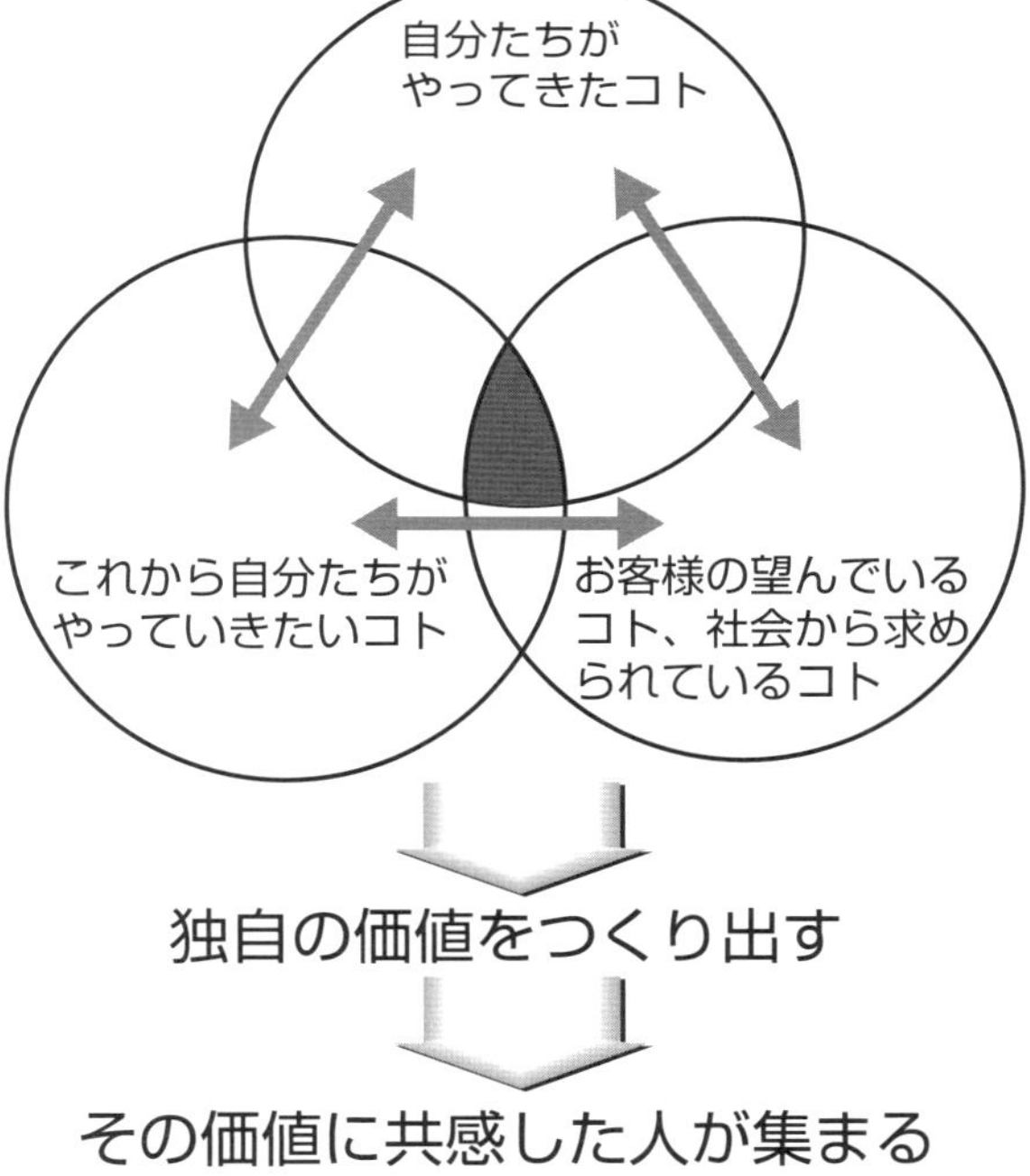

ップになります。

これを軸に、同じような価値観を持った人、その価値観に共感した人たちが集まってきます。それはスタッフもお客様も同じです。価値観が同じ人が集まってきます。

そのときに生まれてくるパワーには、すさまじいものがあります。

2 第5段階のキーワードは、「共に」！

第5段階のお客様こそ「コト」を求めている

自己実現していきたい人は、同じように自己実現を追求している会社と引き合います。

仲間をつくり、お客様や社会にできるコトを考え行動していく。そんな仲間探しだと思ってもらえるとイメージしやすいかもしれません。

ここでのキーワードは「共に」です。「共に進むために仲間を集める」——。

つまり、**消費者に密接に寄り添い、「困ったことがあるなら一緒に解決しましょう」という考えですね。実はこれが、売り手の自己実現の欲求も満たしていく**のです。

「仲間」や「共に」というコトバを聞いて、何が思い浮かびますか。

コミックスが好きな人は、『ワンピース』で主人公のルフィが仲間を集めて、共に海賊王を目指すシーンかもしれません。映画好きであれば、『アベンジャーズ』の、アメコミのヒーローが地球を守るために共に仲間として敵と戦うことを思い浮かべるかもしれません。

『ワンピース』も『アベンジャーズ』も、仲間はどうして集まるのでしょうか。

モンキー・D・ルフィという〝人の魅力〟だったら、ルフィが死んだら（死なないけど）バラバラになるのでしょうか？　僕はそうは思いません。万が一、ルフィが死んでも、ルフィの思いを引き継ぎ、残ったメンバーでもグランドラインを突き進むでしょう。

何に人は集まるのでしょうか？

それは「思い」なのではないかと感じるのです。人の持つ「思い」に共感して、人が集まる。この「思い」こそが「旗」なのです。

◉――〝思い〟に人が集まる

あなたの思いは何ですか？

これは、仲間集めですから、こういう聞き方のほうが正確なのかもしれません。

あなたのチームの思いは何ですか？

会社には経営理念や社是などがあると思います。でも、ここではそんなことを言っているのではありません。**あなたの価値観、会社で共有する価値観のようなもので、それを明確なコトバにすることが大切**なのです。

そのコトバに人が集まり、一緒に働くスタッフができる。そのスタッフと共にお客様や社会に向けて発信や行動を続けていく。その発信や行動に気づき、思いに触れたときにお客様も仲間になっていく。

◉――これを一番理解していたのはトニー・シェイ

これを理解し、いち早く実現させたのがザッポスという会社です。

ご存じでしょうか？　アマゾンが唯一恐れた会社と言われる、インターネットで靴を販売している会社です。僕は以前から、このザッポスとＣＥＯのトニー・シェイに大注目していて、勉強会に参加したり、研究をしたりしてきました。

第5段階のキーワードは「共に！」

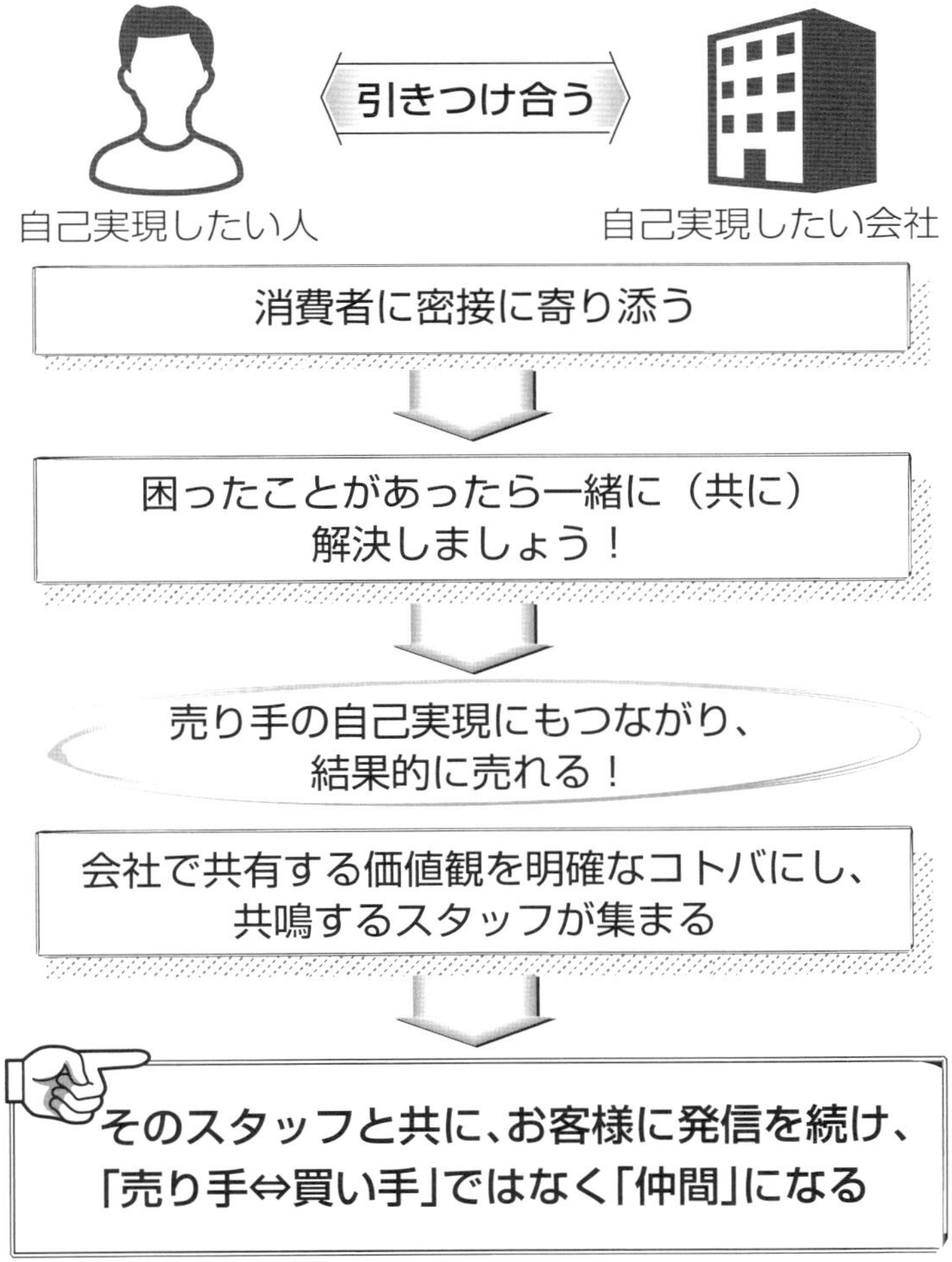
引きつけ合う
自己実現したい人
自己実現したい会社
消費者に密接に寄り添う
困ったことがあったら一緒に（共に）
解決しましょう！
売り手の自己実現にもつながり、
結果的に売れる！
会社で共有する価値観を明確なコトバにし、
共鳴するスタッフが集まる
そのスタッフと共に、お客様に発信を続け、
「売り手⇔買い手」ではなく「仲間」になる

それは、こういう会社がこれから一番必要になると感じたからです。

ザッポスは、インターネット専門の靴を中心としたアパレル関連の通販小売店です。2009年にはアマゾンと株式交換により子会社になっていますが、アマゾンから唯一独立経営を認められた会社として有名です。ネットの通販会社にもかかわらず、全米では働きたい企業ランキングの上位に入ることでも知られていて、消費者にも働き手にも非常に愛されている会社なんです。

このザッポスのCEOがトニー・シェイという人物です。シェイが一番大切にしているのが「コアバリュー」と言われるもの。一番、大切にしている価値観のようなものだと思ってもらって間違いないと思います。

ザッポスには、10のコアバリューがあります。

①　サービスを通して「WOW!」という驚きの体験を届ける
②　変化を受け入れ、変化を推進する
③　楽しさとちょっと変なものを創造する

④　冒険好きで、創造的で、オープン・マインドであれ
⑤　成長と学びを追求する
⑥　コミュニケーションにより、オープンで誠実な人間関係を築く
⑦　ポジティブなチームとファミリー精神を築く
⑧　より少ないものからより多くの成果を
⑨　情熱と強い意志を持て
⑩　謙虚であれ

その中でも1つ目のコアバリューが核になっています。

「サービスを通して、『WOW!』という驚きの体験を届ける」

これが、このザッポスという会社の価値観をあらわしています。

ザッポスにはこんなエピソードがあります。

コールセンターにかかってきた電話は、明らかに間違い電話で、どうもピザの注文をするためにピザ屋さんに電話をしているらしい。こんな場合は通常なら、

「おそらく電話を掛け間違えておられると思います。こちらはザッポスという靴の通販をしている会社ですのでお掛け直しください」

という対応になります。でも、いつも「ＷＯＷ！　を届けたい」と思っているスタッフは、会話からどこのピザ屋に電話しようとしたのかを突き止め、そのピザ屋さんの電話番号を調べ、間違いだったことを優しく受け入れ、お客様にピザ屋さんの電話番号を教えるのです。

ね、WOW！　でしょ！

そこまでしてくれるの！　っていう感じで、ＷＯＷ！　なエピソードがザッポスには当たり前のようにあります。なぜ、そんなにあるのでしょう。

みんな、ＷＯＷ！　を届けたいと思って集まってきているからです。そして、そんな体験を求めてお客様も「ザッポス大好き！」と集まってきているのです。

この「思い」や「価値観」に人が集まってきているのです。

では、あなたの会社の思いや価値観を、どんなコトバで紡《つむ》ぎますか。

自己実現していきたい人は、
自己実現している会社と引き合う。
その結果、〝仲間〟が生まれ、
働くことが自己実現につながる。

3 「コト売り」のセカンドステップを見てみよう

●――セカンドステップは、会社（チーム）の価値の高め方・伝え方

僕はこのザッポスの事例を２０１２年にはかなり研究していたので、これを日本の企業にどう落とし込むかが大きな課題でした。そして、今では自信を持ってお伝えできるまでになりました。それが、コト売りのセカンドステップになります。

そしてこれこそが、自己実現の欲求に対応する会社づくりにもなるのです。その方法と事例を詳しくお伝えしていきますね。

コト売りのファーストステップは、商品やサービスの価値の伝え方でしたが、セカンドステップは、会社（チーム）の価値の高め方・伝え方になります。

「あなたの会社は、誰にどんなコトができるのか」
「それは、どうしてできるのか」

この2つを明確にしていくことで、会社は確実に変わってきます。

ここでポイントとなるのは「独自化」です。

「差別化」というキーワードがビジネスシーンではよく使われますが、僕はあまり好きじゃない。なぜかっていうと、差別化とは、競合他社といかに差異をつけていくかということですから、常に競合他社を見ています。「あっちが○○をやってきたから、うちもやらないと」「あそこが◇◇をしてきたから、うちは□□をしないと」というように、常に競合他社を見て対策を練るのです。

でも、それって不毛じゃないですか？　それって、本来の商売のカタチなんでしょうか？　って僕は思うんです。

だって、**本来商売って、一番喜ばせたい人をきちんと見て、できるコトを積み上げていくもの**だと思うから。だから、僕は差別化なんて考えずに、独自化に向かって突き進みましょう！　と伝えています。

そのための**第一歩として、独自化コピーを一緒につくることから始めます。**

独自化コピーとは、会社ができるコトを分かりやすくコトバであらわしたものです。決して独創的なコピーなわけじゃなく、社内外に分かりやすいコトバを紡いだものです。もう、100社以上の独自化コピーをつくってきているので、一部を紹介しますね。

・ひと手間かけて、ふた手間減らすお手伝い（大阪府岸和田市　SOC）
※産業用クリーニングでシェアを伸ばし続ける会社

・家づくりの分かりにくいを、わかりやすく（東京都墨田区錦糸町　エプコ）
※経常利益20％を誇る、住宅関連の上場会社

・体が3℃、心が10℃あたたまる（新潟県十日町　松之山温泉）
※全国旅館業組合青年部のグランプリを受賞した温泉地

・名手製造所（愛知県豊橋市　ヤマモトスポーツ）
※定価販売にもかかわらず、新幹線に乗ってまでグローブを買いに来る人がいる人気野球ショップ
・車を通して日常生活を3倍楽しくするお手伝い（兵庫県たつの市　まるさん自動車）
※兵庫の山の中にあるにもかかわらず、商圏を超えて顧客を持つ自動車整備工場

言うまでもなくこれらの独自化コピーは、とってつけたように生まれたのではありません。これまで、その会社がやってきたコト、これからやっていきたいコト、そしてお客様から求められているコトの3つの接点を一緒に考え、コトバを紡いだものです。

◉――独自化コピーと独自エピソードの例

この**独自化コピーは、独自エピソードと一対になって完成します**。コピーだけとってみれば、同じ業種で同じコピーを付けたら同じに見えますが、どうしてこのコトバになったのかをエピソードで伝えることで違いが生まれます。

先ほど紹介した業務用クリーニングのSOCさんと、住設関係のエプコさんの独自エピ

ソードを紹介すると、このような感じです。

独自化コピー↓ひと手間かけて、ふた手間減らすお手伝い（大阪府岸和田市　ＳＯＣ）

独自エピソード↓クリーニングの品質は当たり前。それ以外で選んでいただくために。

こんにちは。株式会社エスオーシー代表取締役　善野謙一です。家業に戻って19年。代表に就任して10年になります。

家業に戻ってきて、工場集配を経験して営業に移りました。そんな中で、訪問先のお客様から「ユニフォームが返ってこない」「探すのに時間がかかる」という職員さんからの声を減らしてもらえないかと相談を受けました。最初はムリだと思っていましたが、何とかできないかと社内で試行錯誤しながら、各個人のロッカー上に直接納品するというひと手間を私たちがかけることで、職員さんからの声が減り、逆に「ありがとう！」の声をいただけるようになりました。

この経験から、私たちがひと手間かけることで、お客様の困りごとを減らせることを知り、「エスオーシーはクリーニング品質は売らない。クリーニング品質は当たり前。それ以外で選んでいただこう」と決心したのです。それ以降、ＩＣチップによる個人管理の強化、Ｗｅｂシステムの開発、社員による集配等を知っていただくことで、たくさんのお客様に取引していただけるようになりました。

現在はユニフォームだけでなく、オペリネン・私物洗濯・タオル類・カーテン等幅広くクリーニングできるようになりましたが、どのアイテムも思いはひとつ。「弊社がひと手間をかけることで、お客様の手間をどれだけ減らすことができるのか？」この想いを大切にしながら、これからもお客様とお付き合いさせていただこうと思っております。

独自化コピー↓家づくりの分かりにくいを、わかりやすく（東京都錦糸町　エプコ）

独自エピソード↓エプコの事業はすべて住宅に関する仕事です。

１９９０年創業当時から手掛けている住宅設備設計サービスは、１９９８年の水道法の規制緩和により転機が訪れました。

１９９８年以前の住宅設備設計工事は、設計・施工・費用が不透明でした。

現場で施工しているため品質にばらつきがあり、高額な住宅を購入したのに水漏れや排水の流れが悪いといった、水まわりのトラブルが散見されていました。
このような住宅業界が抱えていた問題点を解決するため、エプコは質の高い設計図作成・現場で使用する材料の拾い出し・材料を事前に工場でキット化して現場に届けるという一連のシステムを構築しました。

見えない・分からない部分をわかりやすく、住宅会社様にとっても住む人にとっても安心なシステムにすることができました。このシステムが「これまで不透明な部分が標準化されてわかりやすくなった」「品質向上、工期短縮、コスト低減につながった」と大手住宅会社様の支持を得て、エプコの住宅に関する様々なサポートが始まりました。
エプコは住生活に関わるすべての企業のみなさま、安心・快適な住生活を望むすべての人々の家づくりに関する、分かりにくい部分をわかりやすくサポートしていきます。

この独自化コピーでは、「分かりにくい」→「わかりやすく」と、平かなにしてあります。このように、**やってきたコトを見直しつつ、その中で「誰の、何のお役に立てるのか」に気づくことで、これからもっと「できるコト」を積み重ねていく。**

もし同じコピーでも、そこに至るまでのエピソードが全く同じということはありません。独自化コピーと独自エピソードが一対となってこそ独自化への一歩となるのです。

◉――独自化コピーを、どう伝えるかがポイント

もちろん、独自化コピーを付けただけで劇的に会社が変わるわけではありません。でも、これが一歩となって確実に、そして圧倒的に変化していく。

その姿をお伝えするためにも、具体的にひとつの会社を紹介します。大阪府の茨木市にある「マツミ」さんという外壁塗装と防水工事の専門会社です。

この会社の独自化コピーは**「親兄弟の建物と思って塗らせていただきます」**です。

これは、先代の社長の頃から、何かあったら「親の建物だったら、どんな対応をする?」と社員に問いかけてきたコトバがベースになります。

マツミさんは、元々公共事業が9割以上で、一般事業(一般住宅やマンションなどの工事)がほとんどありませんでした。消費者に価値を伝えるために当時の営業部長の宮脇さ

んがコトマーケティングを学び、そのときに、社内のことや社員のコトバ、社長のコトバを振り返りながらつくったのです。

最初にコトバを紡いだときに「こんなコトバでいいんですか?」「もっと、かっこいいコトバがいいです」なんてことを宮脇さんが言っていたのを思い出します。そのときに話したのは「かっこいいコトバじゃなく、マツミさんらしいコトバが大切」でした。

そんな流れの中、まずはこのコトバを社員と一緒に考えてみようということになっていったわけです。

「親兄弟の建物だったら、どんなコトをしてあげたいか?」

そう考えて、ひとつずつ実践していったことからマツミの快進撃が始まります。約半年で一般事業を立ち上げ、2年で2億の売上げ、利益は公共事業の5倍にまで伸びたのです。

でも一筋縄でいかなかったのも事実です。この独自化コピーを決め、チラシ、ホームページはもちろんのこと、工事用のヘルメットや養生シートまでにもでかでかと「親兄弟の建物と思って塗らせていただきます」と書いたら、若手の工事スタッフの数名が辞めると言い出した。その理由は「こんなカッコ悪いのはイヤだ」ということ。

そんなとき、一本の電話が社長宛にかかってきたのです。電話主は工事現場の近くの住所の方。一瞬クレームかな、と社長は身構えましたが、話の内容はこんな感じでした。

お客様「お宅の現場を見せてもらったんですけど」
社長「ありがとうございます。何かございましたでしょうか」
お客様「シートに、親兄弟の建物と思って塗りますというようなことが書いてあったけど、本当ですか?」
社長「もちろん、その思いでやっているのは間違いなく本当です。すべてのスタッフの行動がそうできているとは言えませんが、100%を目指してやっています」
お客様「分かりました、お宅に頼みたいから自宅に来てもらえますか?」

こうして受注したのです。**相見積もりが常識だったこの業界で即決。**

それまで社長の中にあった少しの疑念が吹き飛びました。「よし! わが社はこれでいこう!」と覚悟した瞬間でもあります。

その後、採用にもこの独自化コピーを活用し、同じ思いを持った社員を採用することになり、以前にも増してチーム力が高まり、お客様の支持も熱くなっています。

このように、独自化コピーが軸となり、そのコトバと思いに共感するスタッフが集まり、そのスタッフ同士が「何ができる？」「どうしたらできる？」を考え行動することが、お客様に伝わり満足に変わっていく。そして、それが売上げと利益に直結しているのです。

いわば、こんな公式です。

「ES（従業員満足）＝CS（顧客満足）＝売上げ」

そして、この軸になるのが独自化コピーなのです。

ちなみに、宮脇さんはその後専務になり、次の社長にも内定しています。そんな宮脇さんからのメールの抜粋です。

――――株式会社マツミ　宮脇美樹

この会社にきてから「経営とは」「経営者の仕事とは」そんなことを学ぶ機会が本当に多くなりました。経営の勉強会では「理念」の大切さについて必ず語られます。

我が社も理念があります。

【マツミ経営理念】
仕上げ工事、防水工事を通して
明るさと快適さを供給し、社会に貢献する

つまり、私たちの仕事を通して社会に貢献しますという宣言です。でも、動けない。「で、どうするの?」という感じだったのです。

「理念って、飾り物じゃないのだから、これが社員に浸透して行動に変わらないと意味がない! 実践しなきゃ!」

そう思っていたのですが、どうすればいいのかが分からず焦っていました。

私の会社の事業である外壁塗装や防水工事は嗜好品でもなく、欲しいと思ってもらえるものでもありません。だからこそ、私たちは「安全・安心・信頼」がウリだと思っています。でも、競合他社のどこを見ても「安全・安心・信頼」とうたっている。私たちらしい言葉はないだろうか？　と考えたのです。

実は、私どもの会社では、何かクレームなどがあったときは、「親の建物だったらどうする？」といつも社長が問いかけてきます。それは、お客様は身内という精神からです。ですから、何かあったら「自分の親だったら」と考えるようになりました。この心がけが、お客様に「安心・安全・信頼」を届けられるようになった源泉ではないかと気づいたのです。

私の会社ができるコトについて考えてみたときのことです。

・誰に、どんなコトができるのか？
・どんなお手伝いができるのか？
・お客様に対するスタンスは？

みんなからいろいろな質問を受け、私たちのしてきたコト、お客様へのスタンスが明確に見えてきたのです。それが、我が社の独自化コピー「親兄弟の建物と思って塗らせていただきます」です。

親兄弟の建物だと思ったら……

・要望に応えるだけでなく、一歩先の提案をしてあげたい
・工事中も気持ちよく過ごせるようにしてあげたい
・良い職人さんで施工してあげたい
・やっぱりコストは抑えてあげたい

という具体的な思いが出てきて、そのためには何ができるだろうかと考えて行動するようになったのです。

まさに、**理念が「お客様への行動」になったのです**。

この独自化コピーがなかったら、今でも変わらないままでいたのではないだろうかと……。

理念は大切です。でも、その**理念はお客様に伝わってこその理念。そして、社**

員が具体的に行動できてこその理念。だからこそ、お客様への行動指針を分かりやすいコトバにする。それが独自化コピーなのですね。

・誰に、どんなコトができるのか？
これが明確になると、
・それは、どうしたらできるんだろうか？
そう考え、実際に動いていくきっかけになります。

それが、理念浸透にもつながり、理念が行動に変わり、利益に変わる一歩になる。今では、私は確信を持ってそう言えます。

理念はとっても大切だけど、その理念を行動に移し、お客様に届け、利益につなげていくための一歩が独自化コピーなのです。そして、経営理念はお客様のありがとうや笑顔に変わってこそ、初めて活きるのだと実感したのです。

もちろん、独自化コピーを付けたからといって、すぐに社員が集まり、一気に売上げが上がるわけではありません。それを元に社員のみんなで考え、行動し、行動したことを共有し、社内文化をつくっていくことが必要です。

・誰の、どんな役に立てるのか？
・誰に、どんなお手伝いができるのか？
・お客様への姿勢やスタンス

こういったことを、社内外に分かりやすいコトバで紡いでいく。それが社内を通す軸になり、そしてその軸がお客様につながっていくのです。

あなたの会社自身が自己実現をしていくことで、自己実現をしていきたい人が共感して集まってきます。そして、お客様の自己実現のお手伝いをする。

こうして、それぞれが思いを胸にお客様や社会に向かって行動していくのです。これこそが、チームや組織の新しい形となってきています。

4 これからの時代はピラミッド型ではなく「サークル型」

◉──トップが引っ張っていく時代ではなくなった⁉

僕自身、たくさんの企業に関わってきて、最近、とくに思うことがあります。それはチームづくりの基本的な考え方が変わってきたということです。

これまではリーダーを頂点にしたピラミッド型が主流でした。そのほうが統制がとれるし指揮系統もまとめやすい。非常に効果的な組織づくりだったのです。

でも、**これからの時代トップ一人で意思決定をして、みんなを動かしていくのは非常にむずかしい時代に入ってきています**。だって、消費者は個性化、多様化しているし、それに合わせていくには一人の基準では見誤る可能性が高くなってきているからです。

今の時代のチームづくりは
「サークル型」。
リーダーの〝思い〟に
共感してくれる人が
「お客様に喜ばれる方法」を
考えていく。

◉——お客様に喜んでもらえる行動を考える

正解のない時代だと言われます。正解を見つけ出そうとすればするほど、深い悩みの底に入っていくことになります。正解は探すものではなく、自らの正解を創り出す時代。そんな時代のチームづくりは、**ピラミッド型ではなくサークル型がおススメです。**

まず、リーダーの「思い」を真ん中に置き、その思いに共感してくれる人が集まる。そしてその一人ひとりが自らの経験を活かしながら、お客様に対して行動していく。いろいろな行動があるでしょう。それらを、良かったことも悪かったことも持ち寄り共有していくのです。そして皆で考えるのです。

「どうしたらもっと喜んでもらえるか」を。

これが、「まえがきに代えて」にも書きました「〝思い〟はマーケティングを超える」ということにもつながってきます。少しコトバを変えると、〝思い〟はマーケティングに圧倒的な力を与えるとも言えます。

今の時代のチームづくりは「サークル型」

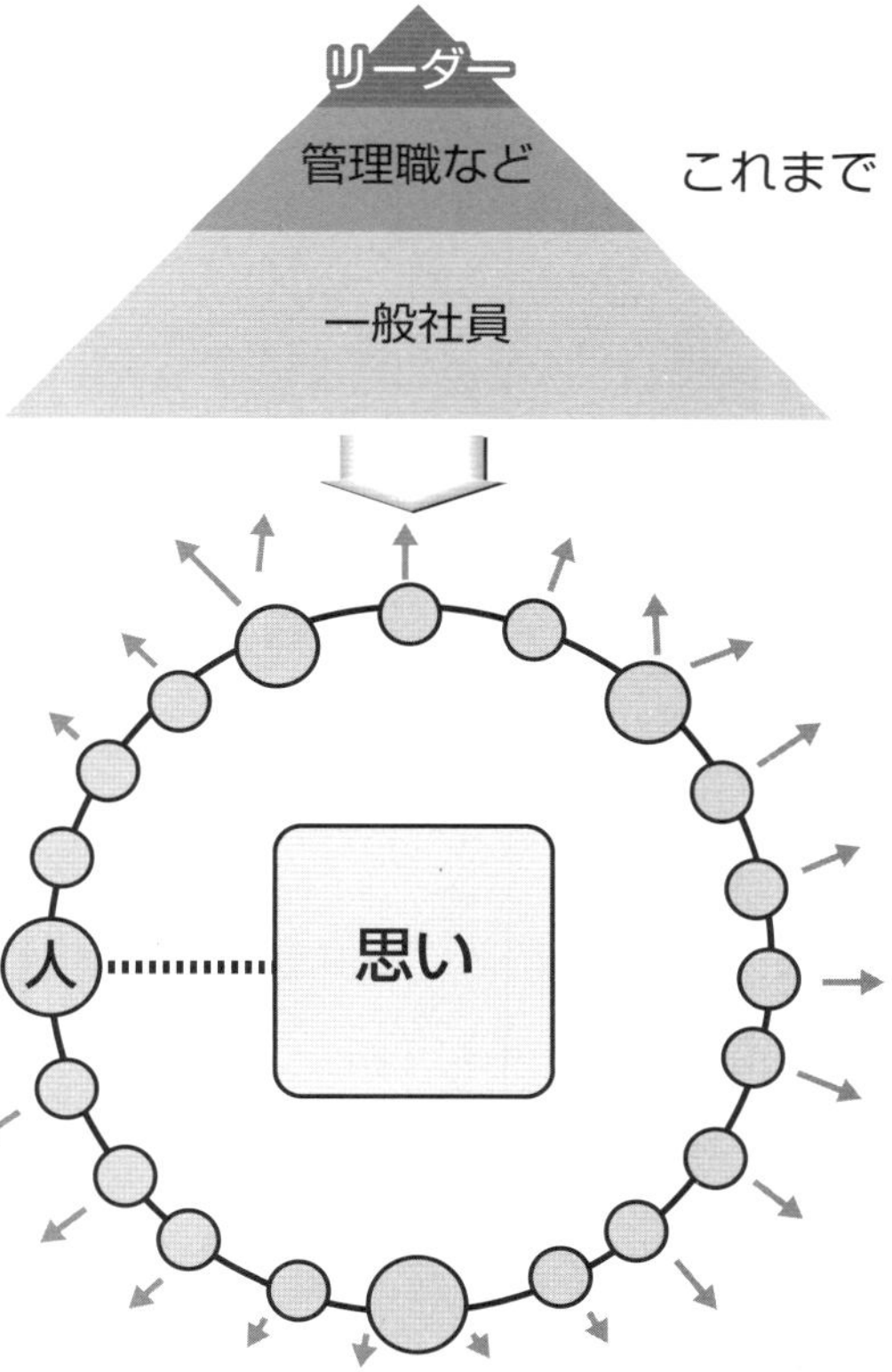

「思い」とは、「お客様にどうすれば
喜んでもらえるか」というもの！

もちろんマーケティングの理論や法則は大事です。それらを全く無視して、「売るんだ！」だけでは、〝思い〟とは言えません。

〝思い〟とは、「お客様にどうすれば喜んでもらえるか」というものなのです。

このように**売るほうの「思い」は、自己実現の欲求につながります。そして、その自己実現欲求は、その先の「お客様への貢献」につながっていくのです。**

自己実現、そして貢献に向かって、一緒に行動できる仲間を探す。思いを共有して、それぞれができるコトを考え、まずはお客様に届けていく。そしてさらに、社会や世の中に提供していくのです。

第6章

自己実現の〝先〟を目指そう

欲求は第5段階で行き止まりではない。
時代と共に変化もする。
いわば「第6の欲求」への対応を考える。

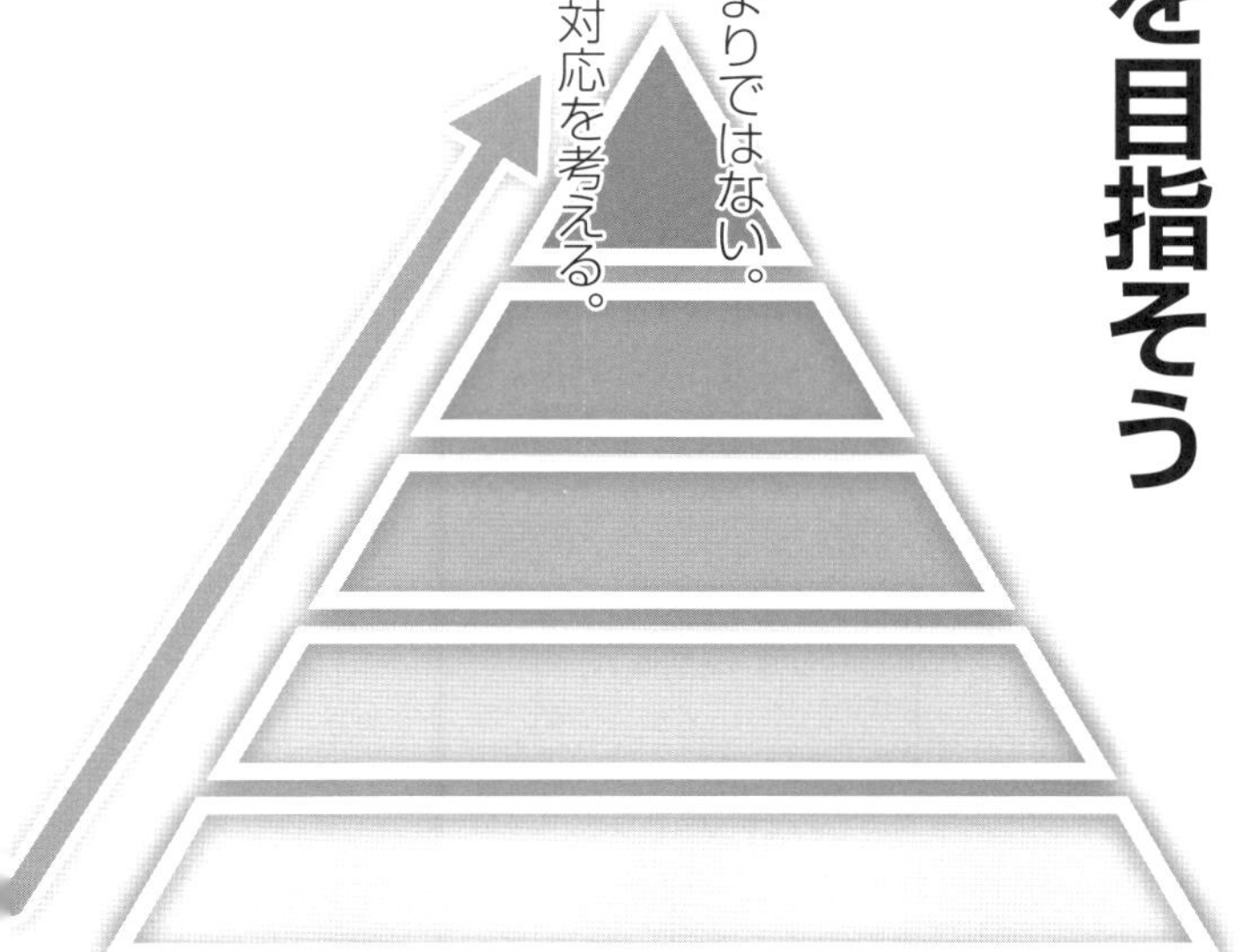

1 共に「第6の欲求」を目指す

◉──欲求はどんなふうにレベルアップするのか？

さて、生理的欲求から自己実現の欲求まで順にマズローの欲求5段階説を通して顧客心理を見てきましたが、いかがだったでしょうか。

ここで、確認しておきたいことがあります。

それは、例えば「生理的欲求が１００％満たされたから、安全の欲求に移行していく」わけではないということ。マズローも「より高次の欲求に移行するためには現時点の欲求が完全に満たされる必要はない」と述べています。

マズローによると、生理的欲求では85%、安全欲求では70%、愛の欲求では50%、自尊心の欲求では40%、自己実現の欲求では10%の達成度で移行が充足されるということですが、消費欲求もまさによく似ていると感じます。

100％満たされて次ではなく、ある程度満たされて次に行く。

そして次へ次へと進んで行っても、どの欲求も少なからず残っているということ。

そのことを踏まえて、プロローグの部分を見直してみましょう。

●お客様の欲求レベルを探るポイント

プロローグでは、マズローの欲求5段階説について3つの切り口でお伝えしました。この3つです。

① モノを求めているのか、コトを求めているのか

② 消費金額が高いのか、安いのか

③ 恐れからの消費行動か、愛情からの消費行動か

例えば、1つ目の「モノを求めているのか、コトを求めているのか」については、物質

的欲求＝モノ、精神的欲求＝コトとお伝えしましたが、順番に見ていくと、最初はモノを求めているが欲求が満たされていくと、コトを求めに入ってくる。

この見方も正しいと思うのですが、反面、ではモノの欲求を満たしたら、もうモノは全く欲しがらないのか？　と言われると、決してそうではないと感じるのです。

どんなに満たされていても、心が満たされればいいんだ！　もうモノはいらない！　とは言い切れませんよね。

同じく、２つ目の切り口「消費金額が高いのか、安いのか」も、高いものも欲しいし、安いモノだって買うときはありますよね。シャネルも買うけど、ユニクロも買うみたいに。同じく３つ目だってそうです。すべての行動が愛からかというと、やっぱりそうじゃないこともある。

そう考えてみると、生理的欲求が85％満たされて、次の欲求に移っても、15％程度は生理的欲求を持ち続けているということ。**欲求が、どんどん高次に進んでいっても、低次の欲求も持ち合わせている**ということです。

その上で、もう一度考えてみて欲しいのです。あなたは、どの層にアプローチしていきたいですか?

◉──基本は「マッチング」!

「そうか! 発信や行動によってお客様は変わるんだ」

そう実感させてもらったのは、岐阜の柳ケ瀬商店街の活性化のお手伝いをさせてもらったときでした。その店は、商店街の中にある小さな洋服屋さん。お客様は50代~60代の方が多く、店内にはプリント柄の服が多くありました。

その店の店長さんはこう言われていました。「うちの店はメーカーでもないし、隣の店とも同じようなものを売ってるから、安くするしかないんです」そして店頭には「SALE」の張り紙が何十枚も貼られていました。

来られるお客様は、接客も必要としないし、勝手に選んで「3枚買うから、もうちょっと安くならないの?」なんて言う始末。

一度伝え方を変えてみませんか? ということで、お客様に「どんなコトができるのか」を考えて店頭看板にして書いてみました。

店頭に置いた初日、この看板を見てお客様が入ってきました。

「前に書いてあるコーナーはどこですか?」

と聞かれたので場所を案内し、お客様を見ていると、こう聞かれました。

「これは、どうして若く見えるんですか?」と。

若く見えるポイントをていねいに一つひとつ説明したところ、お客様は「ありがとう!本当によく分かりました。今回はこの2着をください」そう言って喜んで、値引きも求めずに購入して帰って行かれたそうです。


そのとき、店長が気づかれました。

「売っているモノは変わっていないのに、お客様が変わったのって看板のおかげなの?」


そうなんです。発信内容によって、来ていただくお客様は変わるのです。

「安いよ!」「割引してる店だよ!」というような発信をしていると、「安い店なんだな」「もっと安くしてくれないかな」そういうお客様が来ます。一方、こんな発信をしたらどうでしょうか?

お客様に、きちんと発信する看板

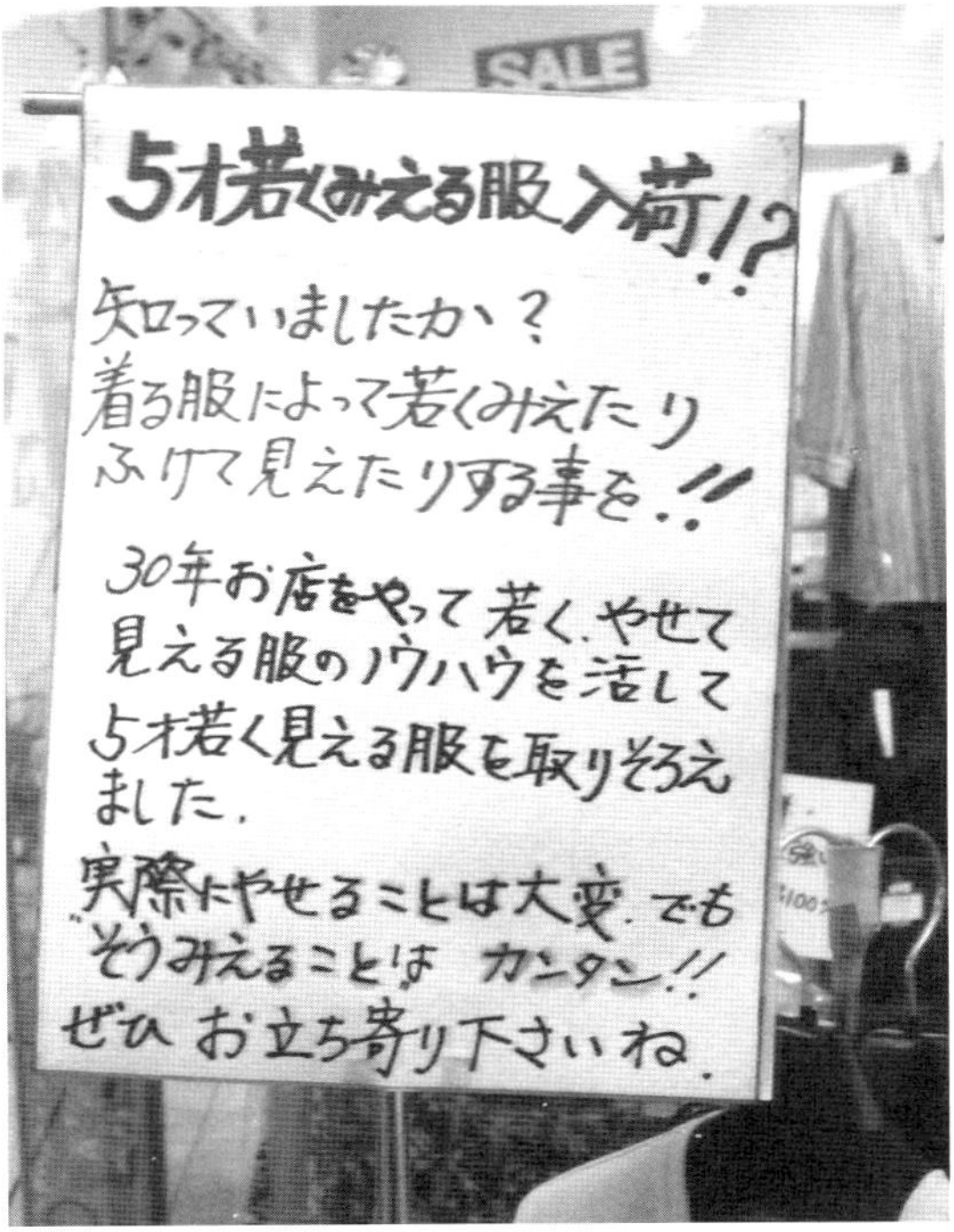

５歳若く見える服入荷！
知っていましたか？
着る服によって若く見えたり、
痩せて見えたりする事を!!

「着るものを変えるだけで若く見られることができるんですよ」という発信には、「ホントに？」「そんなのあったら教えて！」という方が来られる。
当たり前といえば当たり前です。

あなたのお店は、誰に、どんなコトができるのか？

これを考えて、発信・行動するだけで、安さを求めるお客様から、分かってくれている！　という承認欲求を持ったお客様へと変わっていき、自己実現の欲求の充足にもつながっていくのです。

「仕方ない」ことなんて、何ひとつありません。
そこから抜け出す方法は、この本に書いた通りです。

だから「仕方ないよね」って諦める必要はありません。**どんなお客様とお付き合いしたいのか、どんな欲求を持っているお客様とお付き合いしたいのかを明確にしていってください。**望まないお客様と仕方なく付き合うのではなく、望んだお客様とつながるために、どうすればいいのかを考えていくことが大切です。あなたの発信と行動が、つながるお客様を選んでいくのです。

あなたは、どんなお客様とつながりたいですか？

あなたの理想とするお客様を明確にして、その人の求めているものが何かを確認し、発信と行動を変えてみてください。

そして**お客様とつながったとき、具体的には喜んでもらったりしたとき、あなたの売り手としての自己実現欲求が満たされる。言い換えれば、自己実現の欲求は、売る側が常に持ち続けなければならない**もの。

それは相手が第1段階、第2段階でも変わりません。

売り手と消費者は、それぞれ自らの自己実現の欲求を満たす――という点で響き合う。

そのためには、お客様と「マッチング」することが大切です。

2 どの欲求を満たすのかによって客層が変わる

◉――どの欲求で、お客様とつながるか?

あなたの理想のお客様は、何を求めている人ですか?

「安いの?」って聞いてくる人ですか?

「信用できるの?」って思っている人ですか?

「ひとりはイヤ」って感じている人ですか?

「分かって欲しい」って願っている人ですか?

「共にやろう!」って人ですか?

人はいろいろなコトを求めています。安さを求めるときもあるし、分かって欲しいと思うこともある。あなたは、どの欲求でつながりたいですか。

安さでつながると、安さを求められます。いうまでもなく、安売り量販店に行くときは「安さ」を求めている。そこに「共にやろう！」と伝えてあっても、この店はそんなことをする店じゃない！　と思われるのです。

だからこそ、どの欲求でお客様とつながるかが大切になる。

売る側の自己実現の欲求を満たすには？

繰り返します。あなたは、どの欲求でお客様とつながっていきたいですか。

つまり「誰に、どんなコトをしていきたいですか？」ということです。

答えはやはり、第5段階の欲求でつながっていたい。

これは、第5章でもお伝えした通り、**あなた自身の自己実現欲求とも関係します**。お客様の自己実現の欲求に応えるには、売るほうも「売ってやるぞ」ではだめなのです。

「誰にどんなコトをしたいか」

この気持ちこそがカギになります。

僕は、これが軸になっていると考えています。どんな欲求を持っていても、その軸にはこの自己実現の欲求があるのです。

生理的欲求、安全の欲求、所属と愛の欲求、承認の欲求は欠乏欲求ですが、自己実現の欲求は存在欲求です。あなた自身の存在＝役割に対する欲求です。

人は誰も、役割を持って生まれてくる。僕にもあなたにも役割があるはずです。でも、それは忘れがちで、思い出させてくれようとしていろいろなことが起こるのです。

その役割を思い出したとき「貢献」という第6の欲求にたどり着きます。

「貢献」の一歩手前が自己実現の欲求で、これが「貢献」につながるパイプの役目を果たしています。

こうして、**あなたの自己実現が軸になっているということを考えると、ピラミッド型のマズローの欲求5段階説の図が、円錐形に見えてくる**のではないかと思うのです。

この図のように、何よりもあなたの自己実現の部分が軸（芯）になっていて、すべての欲求の軸になっている。この自己実現の欲求は、〝あなたの〟欲求です。

それが消費者に伝わります。

売る側の自己実現欲求がお客様に伝わる

第6の欲求（貢献）へ！

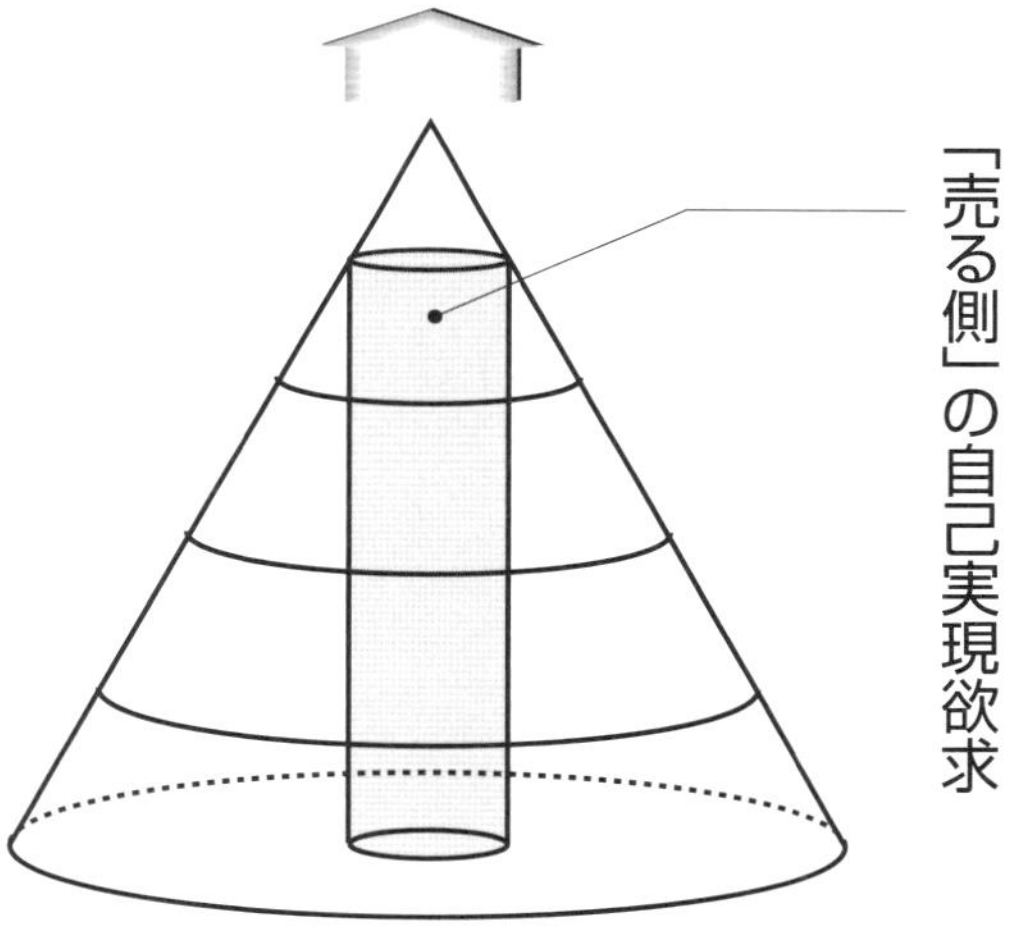

（何よりも、「売る側」の自己実現欲求が「芯」になる）

＝

これがすべての欲求の「軸」に！

この自己実現の欲求が、お客様へと伝わっていく！

売り手が常に自己実現の欲求を持ち続けるということは、

●お客様のためにできるコトは何か？

これを常に考えているということです。**あなたは、安さ目当てで買ってくれたお客さんとつながりたいですか。もちろんそういうお客様も大事です。でも、あなたを信用して買ってくれるお客様とつながるほうが、ずっと心地よいはずです。**

これが明確になると、これを軸にして他の欲求にも対応できる。この観点で第5章のマツミさんの例を見直してみましょう。

◉売り手の自己実現欲求が軸になる

親兄弟の建物を塗るとしたら、どんなコトができるのか、マツミは考えました。

・工事中も気持ちよく過ごせるようにしてあげたい
・要望に応えるだけではなく、その後の提案までしてあげたい

・やっぱりコストは抑えてあげたい
・良い職人さんで施工してあげたい

「○○してあげたい」――求めるのではなく与える思いから、材料選び、コスト削減、施工の技術、職人の教育、不安の解消、情報の提供、個別の発信と行動、および施工や作業につながっていくのです。そして、その思いに共感してくれたお客様とつながるだけでなく、その思いに共感したスタッフも入社してきて一体化していきます。

そんな流れを創り出すためにも**「あなたが、どんなコトをしていきたいのか」**が大切になるのです。

こう言うと「そんなの分かんないよ!」「どうしたらいいんだよ!」なんて方もいると思うのです。でも、これは誰に聞いても答えは教えてくれません。あなたが決めてあなたがやるだけ。つまり正解なんてないんです。自分なりの正解を創り出していかないといけない。これを、大変と思うか、楽しみと思うかはあなた次第です。

そして、もうひとつ大切な考え方があります。

（相手に）求めるから、（相手から）求められる
（相手に）与えるから、（相手から）与えられる

ということ。これは鏡のようなものですから、お客様に求めると、お客様からも求められるし、お客様に与えようとしたら、お客様からも与えてもらえるのです。

相手に○○してあげたい
相手に○○したい
相手に○○してきた

そんな思いを、分かりやすいコトバにして「与える」ことを始めてください。
それが「与えられる」状況を生み出し、仕事がいい形で循環することになります。

●──お客様のために働こうという気持ちが「個性」につながる

実は、この行動が「個性」を創り出していきます。

「マツミ」パンフレット（表紙）

は考えました!

気持ちよく
こしてあげたい

などの社員教育に

挨拶などを丁寧に、
てトラブルゼロに。

は
たい

20%コストカット。
20%カット。
てあげたい。

技術力。

い!

32

親兄弟の建物を塗ると思って
やらせてもらいます!

お客様から頂いた喜びの声

丁寧な対応でよみがえったわが家 本当にありがとうございます!

ホームページを見た印象は、丁寧なお仕事をされそうなイメージをもちました。

下見から実際の作業当日まで、不安な点には誠実に回答いただいたり、お客目線でのアドバイスをしてくださったりと、本当に心強いばかりでした。

もちろん、家の仕上がりにも満足できましたし、自分たちの次回のリフォームはもちろん、これから外壁塗装のことで業者をお探しになられる人たちにも、自信を持って紹介できる『家のパートナー』さんと言えます。

この度は、わが家を生き返らせていただき感謝しています!

Before

After

誠実なスタッフさんで気持ちよかった!

こちらのどんな質問にもきっちり答えてくれ、いろいろ相談にのって下さいました。それから色を考えるときに役立ったのが、作ってくださった家のシート。イメージがわかりやすく重宝しました。あれはとてもいいサービスでした。

こちらの「ああして、こうして」という要望にも気持よく、すぐ対処して下さいました。そして最後工事が全て終わったあとも、家の周りをきれいに掃除!

やっぱり最初に感じた通り誠実な会社でした。おかげさまでイメージ通りのきれいな家になりうれしく思っています。

Before

After

「マツミ」パンフレット（3つ折り）中面

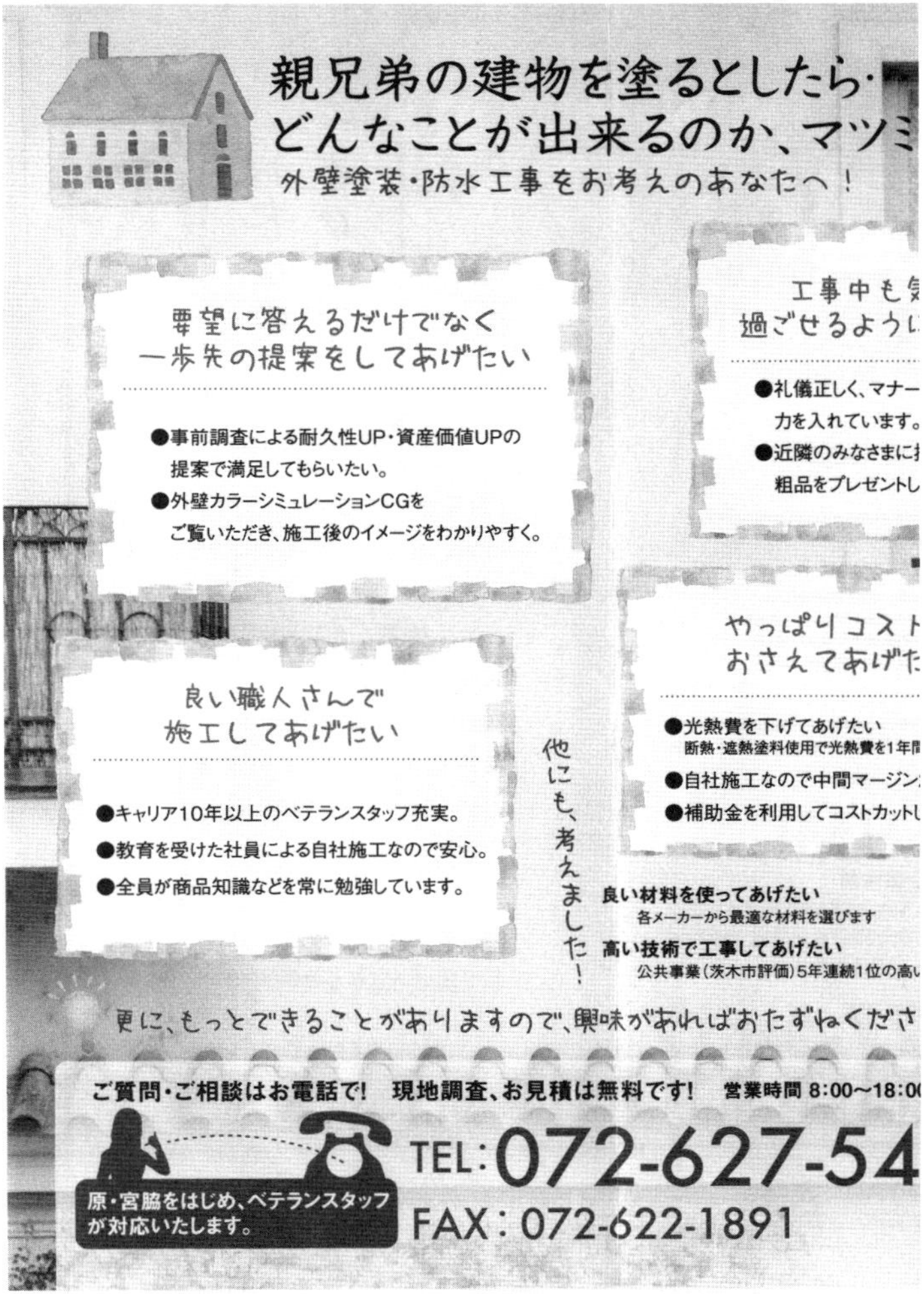
親兄弟の建物を塗るとしたら・
どんなことが出来るのか、マツミ
外壁塗装・防水工事をお考えのあなたへ！
要望に答えるだけでなく
一歩先の提案をしてあげたい
●事前調査による耐久性UP・資産価値UPの
提案で満足してもらいたい。
●外壁カラーシミュレーションCGを
ご覧いただき、施工後のイメージをわかりやすく。
工事中も
過ごせるように
●礼儀正しく、マナー
力を入れています。
●近隣のみなさまに
粗品をプレゼントし
良い職人さんで
施工してあげたい
●キャリア10年以上のベテランスタッフ充実。
●教育を受けた社員による自社施工なので安心。
●全員が商品知識などを常に勉強しています。
他にも、考えました！
やっぱりコスト
おさえてあげた
●光熱費を下げてあげたい
断熱・遮熱塗料使用で光熱費を1年間
●自社施工なので中間マージン
●補助金を利用してコストカットし
良い材料を使ってあげたい
各メーカーから最適な材料を選びます
高い技術で工事してあげたい
公共事業（茨木市評価）5年連続1位の高い
更に、もっとできることがありますので、興味があればおたずねくださ
ご質問・ご相談はお電話で！　現地調査、お見積は無料です！　営業時間 8:00～18:0
TEL：072-627-54
原・宮脇をはじめ、ベテランスタッフ
が対応いたします。
FAX：072-622-1891

「個性」という文字を辞書で引けば、「他人とは違う、その人にしかない性格・性質」と書いてあります。だからと言って、人と違うことをすることで個性的になれるわけではありません。自分の中に人と違うものを探そうとしても、それはらっきょうの皮を剥《む》くようなもので、全部はいでしまえば何も残らないのかもしれません。

それよりも、まず人のために動いてみる。

どうすれば人の役に立てるのかと、目の前の仕事に一所懸命に取り組んでみる。そうした努力を積み重ねるうちに、仕事が上達して、技術が磨かれ、周りから評価され、大切にされる存在になります。それが、「個性」と呼ばれるのです。

神様は、個性をつくったのではありません。

人の役に立つことを幸せだと思う人間をつくったのです。そして、その幸せを追い求めて努力をすれば、おのずから「個性」は生み出されるのです。

（『利他のすすめ』　大山泰弘著より抜粋）

これは、大山泰弘さんが書かれた『利他のすすめ』という本の中の一節です。まさに僕が思っているコトを見事に表現されているので、ほぼ原文を紹介させてもらいました。

ここに書かれているように「どうすれば、人の役に立てるかを考え、目の前の仕事に一所懸命取り組む」ことで、個性＝あなたなりの正解を創り出していくのです。だからこそ、もう一度考えてみてください。

●誰に、どんなコトができるのか？

●それが、どうしてできるのか？

これを、ひとりから始めるのもＯＫですが、できたら周りを巻き込みチームで実践していってください。あなたがリーダーだったら、みんなと一緒に考え行動していってください。個人のチカラは限りがあります。こんな時代だからこそ、力を合わせて、お客様に、そして社会に向かって発信や行動をしていってください。

その発信と行動が「私もやりたい」「私もそう思っていた」と共感で人がつながり、利他的な思いの集まりが**「第6の欲求」と言われる「貢献」につながってくる**のです。

3 これからの企業のキーワードは「一緒に楽しく」

◉売り手の自己実現は「共感」がカギになる

これからの時代は「一緒に楽しく」が大きなキーワードになります。**これは自己実現欲求の「共に」のキーワードとも一致します。**

個人がトップに立ったピラミッド型ではなく、個人の思いを中心に、その思いに共感した人が集まり一緒に楽しくやっていくのです。思いに共感した人がスタッフで集まり、そのスタッフがお客様に向かって発信や行動をしていく。すると、その思いを持った行動に共感してくれたお客様とつながっていく。

従業員満足＝顧客満足＝売上げ

こういった公式が成り立つようにしていくと、あとはどんどん広がります。
もう一度伝えます。

●誰に、どんなコトができるのか？
●それは、どうしてできるのか？

ここからスタートしてみてください。

マズローの欲求5段階説では、徐々に高次の欲求になってくると言われます。僕自身もビジネスを通してたくさんの経営者や、ビジネスリーダーとお会いしてきて、年々欲求が高次なほうに移行しているように感じます。

多くの方が4段階目までの欠乏欲求ではなく、5段階目の自己実現に向かわれているのも実感します。自己実現のキーワードが「共に」ですので、この部分は我々日本人が一番得意なことなのです。もともと日本は「集団」と「協調」の文化です。欧米の「個」と

「主張」の文化とは違いますからね。

今こそ、我々の持っているものをすべて出し切りましょう！

●――「大切な人」のために何ができるかを考えよう

僕自身「仕事を楽しむ」ということをベースに考えています。楽しみを続けるというのは、ひとりだけではむずかしい。「自分も周りも楽しく」が基本で「共に」というキーワードが入ってきます。

約3年前に、一般社団法人コトマーケティング協会を設立しました。僕自身がこれまで1400社を超えるクライアントさんと一緒に楽しみながら実践を繰り返し蓄積してきたノウハウを、僕だけではなく、できるだけ多くの方に活用していただきお役に立てていただきたいという思いで「共に」行動をしています。

ひとりではできないことが可能になるのはもちろんのこと、楽しみ、喜び、悩みや葛藤も共有できる仲間がいるのは心強いし、圧倒的に楽しいです。間違いなく、仕事がさらに面白くなりました。

仕事を楽しむ根本的な理由は、お客様のため、社会のためというのもあるのですが、僕個人は「大切な人のため」が根本的な理由です。**今まで育ててくれた両親のため、自分たちの元に産まれてきてくれた子供のため、自分を信じて集まってくれる仲間のため。**あなたの大切な人は誰ですか？

僕の場合は子供でした。子供を持つようになって、子供から教わることばかりです。親として何ができるかを考えたとき、「仕事は楽しい」ということを背中で見せるしか、僕には思い浮かばなかったんです。

まずは近くの人から。自分自身が楽しんで、両親を安心させ、子供に仕事の楽しさを伝え、周りの仲間と笑顔の輪をひろげていく。

思いっきり仕事を楽しみましょう！

共に楽しみましょう!!

一般社団法人　コトマーケティング協会とは？

マーケティングとは価値を伝えること。価値を伝えるためのコトマーケティングを通して、色々な人とつながり、地域や社会とつながり、思い描く未来につなげてもらいたいと考え設立した協会。

「価値を伝えることで、人とつながり、社会とつながり、未来につなげる」

この協会の思いを一人でも多くの人に伝えるため、積極的に活動を続けている。

これまで、著者松野恵介自身が1400社以上の会社やお店と試行錯誤・実践を繰り返し、蓄積してきたコンテンツをより分かりやすく整理した。さらにそれを、「もっと会社やお店を良くしたい」「もっと地域や社会を良くしたい」そんな思いを持った人に活用してもらうために2016年に立ち上げ、口コミだけで1000名以上が受講している。

- 自分の会社やお店でコトマーケティングを活用するための講座
  →アドバイザー講座・ジュニアコンサルタント講座
- コトマーケティングのコンテンツをお客様や地域に教えられるようになる講座
  →トレーナー講座・シニアコンサルタント講座

【コトマーケティング協会】→ コトマーケティング協会 検索

【松野恵介 HP、ブログなど】→ ガイア　松野恵介 検索

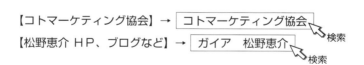

【著者紹介】　**松野恵介**（まつの・けいすけ）

◎——大学卒業後、京都の老舗呉服問屋に入社。しかし、若くしてリストラに遭い心身ともボロボロになる。そこから這い上がってマーケティングを勉強し、マーケティングコンサルタントとして独立。

◎——お客様との「つながり」をつくり出すことが得意で、コトマーケティングを活用し数々の実績をあげる。笑顔とあごひげが印象的。「また会いたくなる」雰囲気を持っており、クライアントがクライアントを呼び、一気に人気コンサルタントになる。現在は、多種多様な企業のコンサルティングを主に、全国の温泉地や商店街の活性化や大学講師などでも活躍中。2016年「コトマーケティング協会」を設立。現在、代表理事。

◎——著者の魅力は、「自己表現力」と、「旺盛な好奇心」「行動力」。年間の講演数は80回を超える。本書では、お客様が何を求めているか分からなくなったとき、“購買欲求”について解説した「マズローの欲求5段階説」をもとに、「お客様は何を欲しがっているか」を考える。

◎——「お客様が何に困っているかを聞き出し、その問題解決のお手伝いをする。それが“売る”ということ」が持論。本書ではこの持論と欲求5段階説を組み合わせ、「売る、とは何か？」という根源的な疑問にも答えている。「最初に考えるべきは、お客様が何を求めているかということである」——本書は、売り方に悩む人すべてに、お客様とのマッチングの方法を語りかけるように書いた指南書である。著書として、『「売り方」の神髄』（すばる舎）、『魔法の自己紹介』（フォレスト出版）、『なぜあの会社は安売りせずに利益を上げ続けているのか』（実業之日本社）など多数。

売れる人の 超訳 マズロー欲求５段階説
お客様のことが見えなくなったら読む本

2019年１月17日　　第１刷発行

著　者———松野恵介
発行者———徳留慶太郎
発行所———株式会社すばる舎
〒170-0013 東京都豊島区東池袋3-9-7東池袋織本ビル
TEL　03-3981-8651（代表）
　　　03-3981-0767（営業部直通）
FAX　03-3981-8638
URL　http://www.subarusya.jp/
振替　00140-7-116563

Subarusya

印　刷———ベクトル印刷株式会社

落丁・乱丁本はお取り替えいたします

ISBN978-4-7991-0779-9